QUE S

L'ethnicité dans les sciences sociales contemporaines

MARCO MARTINIELLO

Chercheur qualifié du Fonds national de la recherche scientifique
Maître de conférences à l'Université de Liège

DU MÊME AUTEUR

Leadership et pouvoir dans les communautés d'origine immigrée, Paris, CIEMI-L'Harmattan, coll. « Migrations et changements », 1992.
Sous la direction de M. Martiniello et M. Poncelet, *Migrations et minorités ethniques dans l'espace européen,* Bruxelles, De Boeck Université, coll. « L'homme, l'étranger », 1993.

Ce livre a été écrit lors d'un séjour de recherche au Centre for Research in Ethnic Relations de l'Université de Warwick (Grande-Bretagne) dans le cadre du programme *Human Capital and Mobility* de la Commission européenne.

ISBN 2 13 047149 8

Dépôt légal — 1re édition : 1995, août

© Presses Universitaires de France, 1995
108, boulevard Saint-Germain, 75006 Paris

INTRODUCTION

Le monde entier a incontestablement été, au cours de la décennie écoulée, le théâtre de bouleversements politiques, sociaux, économiques et culturels aussi impressionnants qu'inattendus seulement quelques années auparavant. La chute du mur de Berlin, la disparition de l'Empire soviétique ainsi que de la plupart des autres régimes communistes ont mis un terme à la guerre froide et ouvert une nouvelle période d'instabilité planétaire et de recomposition géopolitique.

D'aucuns auraient pu penser que la mondialisation de l'économie capitaliste allait enfin permettre de réunir les conditions nécessaires à une globalisation du bien-être et de la paix. L'actualité nous démontre chaque jour qu'il n'en est rien. La planète connaît une crise environnementale qui s'aggrave de jour en jour. La répartition des richesses semble de plus en plus inégale entre les pays occidentaux développés et les pays qu'on a encore beaucoup de peine à considérer comme étant en voie de développement. Au sein même de la riche Europe, l'exclusion et la marginalisation sociales progressent, une fraction croissante de la population étant confinée, souvent à partir de la perte d'un emploi, dans une condition sous-citoyenne qui interpelle jour après jour nos idéaux démocratiques proclamés haut et fort par la plus grande partie de la société civile et politique.

En effet, le consensus démocratique qui avait été construit sur les cendres de la Seconde Guerre mondiale s'effrite. Aux quatre coins de l'Europe, et ailleurs, des formations politiques le remettent en cause, n'hésitant pas à vouloir réintroduire le racisme dans la politique et à construire et activer des identités « ethniques » de plus en plus restreintes dont le potentiel d'exclusion de l'altérité est énorme.

La conflictualité contemporaine est de plus en plus souvent interprétée en termes « ethniques ». La guerre sans merci qui secoue l'ancienne Yougoslavie depuis quelques années donne lieu à des atrocités innommables décrites dans les médias par les expressions de « purification ethnique » ou de « nettoyage ethnique ». De même, si l'on se déplace un peu plus à l'est, il devient encore plus ardu de démêler l'écheveau ethnique que constitue l'ancien Empire soviétique et qui engendre des conflits sanglants entre des groupes et des nations dont l'existence nous était il y a peu encore tout à fait inconnue. En effet, qui pouvait distinguer un Tchétchène d'un Abkhaze ou encore un Tadjik d'un Turkmène ou d'un Ossète ? A nos yeux, alors qu'aujourd'hui ces différences apparemment évidentes s'expriment par le sang, il n'y avait que des Soviétiques, que nombre d'entre nous identifiaient d'ailleurs aux seuls Russes. L'Afrique pour sa part, regorge d'exemples de guerres, de conflits, de luttes « ethniques » dont le drame rwandais confrontant Hutus et Tutsis a été l'objet d'une médiatisation considérable. A cette occasion, le terme de génocide a été remis à l'ordre du jour. Il a certes ému la population occidentale sans toutefois faire reculer la *realpolitik* qui semble être la règle dans les relations transnationales contemporaines.

Ainsi, les discours médiatique et politique d'expression française utilisent le vocabulaire « ethnique » presque exclusivement pour rendre compte de massacres, de violences et d'autres comportements barbares, ignobles, inhumains, prémodernes dont les acteurs sont des groupes qu'opposent des caractéristiques telles que la couleur de la peau, la culture, la religion ou encore la langue. Certes, le vocabulaire « ethnique » est souvent utilisé, surtout au Québec, pour connoter des réalités humaines plus agréables telles que la cuisine « ethnique » ou la musique « ethnique ». Mais globalement, le mot « ethnique » est le plus souvent associé aux aspects les plus méprisables, dégradants et rétrogrades de l'humanité.

Par ailleurs, le sens commun a très souvent tendance à considérer les « groupes ethniques » en conflit comme des données quasi naturelles de l'existence humaine et les identités d'appartenance à ces groupes comme des réalités primordiales, ineffables, mystérieuses et inexplicables. Quant à l'opposition entre ces groupes, elle serait aussi en quelque sorte naturelle. L'homme serait, par nature, amené à des comportements inhumains lorsqu'il doit faire face à une trop grande diversité culturelle, religieuse ou de couleur. Bref, la « différence ethnique » aboutirait immanquablement au conflit si elle n'est pas contrôlée. Il en résulte soit un certain fatalisme, soit la volonté de gérer les conditions sociales et politiques en vue d'éviter cette « confrontation ethnique » hautement probable dans une situation de laisser-aller. Un des objectifs de cet ouvrage est précisément de dépasser cette conception commune et de mettre l'accent sur la complexité du « phénomène ethnique » et sur ses aspects tant positifs que négatifs, bénins et malins.

Il faut aussi remarquer que le mot « ethnicité » est presque totalement absent de la langue française usuelle. Au contraire, son correspondant anglais *ethnicity* ne fait pratiquement plus figure de néologisme dans l'espace linguistique anglo-saxon malgré, comme on le verra plus tard, son invention somme toute récente.

Au niveau du langage académique, le concept d'*ethnicity* paraît depuis une vingtaine d'années bien ancré dans les sciences sociales d'expression anglaise. La littérature qui lui est consacrée est extrêmement vaste et elle relève de toutes les disciplines sociales, de l'anthro-

5

pologie à la science politique en passant par la sociologie ou encore la démographie et l'histoire. En revanche, l'apparition du concept d' « ethnicité » dans les sciences sociales d'expression francophone est beaucoup plus récente et encore bien timide. Il aura fallu attendre la fin des années quatre-vingt et le début des années quatre-vingt-dix pour voir apparaître des articles et des ouvrages académiques consacrés explicitement à la question et utilisant volontiers ce terme.

Par conséquent, ce n'est faire insulte à personne que d'affirmer que les sciences sociales francophones, surtout européennes, accusent un retard théorique certain par rapport à la réflexion anglo-saxonne sur l' « ethnicité ». Il paraît dès lors utile de proposer au public francophone un ouvrage introductif sur l' « ethnicité » dans les sciences sociales qui s'efforcera de le familiariser avec les différentes approches théoriques, principalement anglo-saxonnes, d'une question hautement controversée.

Toutefois, le caractère ambigu, insaisissable et équivoque du concept d' « ethnicité » émerge d'emblée à l'examen de la production académique d'expression anglaise sur la question. Les « relations ethniques » et l' « ethnicité » sont des sujets passionnels qui renvoient à une actualité brûlante dont seules les dimensions dramatiques sont mises en évidence. Dès lors, nul ne s'étonnera que l'étude objective de ces réalités sociales et politiques ne soit pas chose aisée. On pourrait même émettre l'hypothèse qu'à l'instar d'autres notions utilisées dans les sciences sociales, le concept d' « ethnicité » soit inévitablement contesté, discuté dans son essence même[1], dans la mesure où il ne pour-

---

1. Un autre de ces concepts *essentially contested* est le concept de pouvoir. A propos de son essence contestable, le lecteur pourra se référer à Steven Lukes, *Essays in Social Theory*, Londres, The MacMillan Press, 1977.

rait pas se dégager des valeurs et des positions morales des chercheurs.

En raison de sa polysémie et de son caractère vague et confus et sans même prendre en compte des questions d'objectivité, Max Weber avait déjà proposé que l'on abandonnât l'adjectif « ethnique » en tant que concept sociologique — à son époque, le mot « ethnicité » n'existait pas (M. Weber, 1978, 394-395). Un autre objectif de cet ouvrage est précisément de répondre à la question qui pourrait se poser aujourd'hui dans le sillage de Weber à propos du concept d' « ethnicité » : faut-il l'abandonner en tant qu'outil scientifique en raison de son caractère confus et de la difficulté d'adopter une position objective sur les « réalités ethniques »? Autrement dit, il s'agira de tenter de faire le point sur la validité théorique du concept d' « ethnicité » pour rendre compte des phénomènes sociaux et politiques actuels.

Etant donné l'immensité de la littérature disponible, en produire un compte rendu exhaustif constituerait une entreprise ardue et pas nécessairement productive. Le présent ouvrage ambitionne plutôt de présenter le plus clairement possible les grandes écoles de pensée sur l' « ethnicité », leurs apports et leurs problèmes et de stimuler la réflexion critique du lecteur.

La perspective sera transdisciplinaire. En effet, en raison des nombreuses facettes et dimensions du concept d' « ethnicité » et de la quantité de questions différentes qu'il permet de poser, son étude nécessite de nombreuses transgressions des frontières séparant les différentes sciences humaines et sociales. Les travaux sur lesquels repose la présente réflexion émanent principalement d'anthropologues, de sociologues, de politologues et d'historiens. Toutefois, nombreux sont les chercheurs qui ont compris qu'une meilleure compréhension des « réalités ethniques » dépend d'une mise en commun plus efficace des apports des différentes disciplines sur le sujet. Cet ouvrage a pris le parti de se joindre à leurs efforts.

Le livre est composé de 7 chapitres. Le premier chapitre retracera brièvement l'itinéraire et la genèse du concept d' « ethnicité ». Une brève analyse étymologique permettra de situer l'apparition récente, tant du mot anglais *ethnicity* que du mot français « ethnicité ». Ensuite, l'importance de l'anthropologie, et en particulier de l'ethnologie, en ce qui concerne le développement du concept d' « ethnicité » dans les autres sciences sociales, sera soulignée. L'objectif du second chapitre est de définir et de cerner le sens du terme « ethnicité ». Pour ce faire, trois niveaux de l' « ethnicité » seront distingués : le niveau individuel et microsocial, le niveau groupal et mésosocial, et enfin, le niveau macrosocial. Le chapitre III passera en revue les principales théories de l' « ethnicité ». Elles seront rangées dans deux grandes catégories : les théories naturalistes et les théories sociales. Le chapitre suivant proposera une vue synthétique des relations entre l' « ethnicité » et les concepts apparentés, à savoir notamment la culture, la religion, le nationalisme et la « race ». Les rapports entre le concept d' « ethnicité » et celui de classe sociale seront brièvement analysés au chapitre V. Le chapitre VI introduira le concept de sexe dans la réflexion en essayant de présenter les rapports qu'il entretient avec l'ethnicité. Enfin, le chapitre VII présentera quelques réflexions à propos des conflits ethniques dans la politique contemporaine.

Par ailleurs, si la nouveauté et le caractère ambigu du terme « ethnicité » plaident pour un usage assorti de guillemets, il convient aussi de veiller à ne pas alourdir le texte. Ainsi, les différents termes composant le « vocabulaire ethnique » seront dorénavant utilisés sans précaution formelle particulière.

Chapitre I

GENÈSE D'UN CONCEPT

Si les expressions purification ethnique, nettoyage ethnique ou encore simplement minorité ethnique sont peu à peu entrées dans notre langage tristement familier sous l'impulsion des médias et des hommes politiques, il n'en va pas de même du substantif ethnicité. L'usage de ce dernier reste en effet largement l'apanage d'un cercle restreint de chercheurs qui donnent souvent l'impression de ne pas bien se comprendre lorsqu'ils l'utilisent. Pour le grand public, le mot ethnicité est soit ignoré, soit mystérieux.

Dans ces conditions, il convient de commencer par situer son apparition récente dans la langue française. Pour ce faire, un détour par la langue anglaise sera obligatoire pour deux raisons. Premièrement, le mot *ethnicity* y est devenu beaucoup plus courant, surtout dans le langage académique. Deuxièmement, l'introduction du terme ethnicité dans la langue française résulte d'une traduction du mot *ethnicity* de la langue de Shakespeare.

Une fois ce bref examen étymologique accompli et le parcours du mot recomposé, il faudra se tourner vers la genèse du concept à proprement parler en mettant en lumière l'importance de l'anthropologie et de l'ethnologie dans son développement dans les sciences sociales contemporaines. A nouveau, un détour étymologique sera nécessaire.

I. — L'ethnicité : un néologisme

En anglais, le terme *ethnicity* apparaît pour une des toutes premières fois dans un dictionnaire en 1933. L'édition de cette année du fameux *Oxford English Dictionary* définit l'ethnicité en termes de paganisme, de superstition païenne, c'est-à-dire d'une réalité d'un autre âge (D. P. Moynihan, 1993). Il est par ailleurs précisé qu'il s'agit d'un terme rare et obsolète. Les auteurs de l'ouvrage ne pensaient pas si mal dire! En revanche, la première édition du non moins célèbre *Fontana Dictionary of Modern Thought* ne reprend pas le mot. Il n'y sera intégré qu'à partir de l'édition de 1988 (D. P. Moynihan, 1993).

Dans le langage académique anglo-saxon, et plus particulièrement américain, la révolte des Africains-Américains, ou comme on disait alors des *Blacks*, marque incontestablement une rupture majeure (R. Schermerhorn, 1974). Avant cette période, le substantif *ethnicity* ne se rencontre que très rarement dans la littérature même si selon certains auteurs (W. Petersen, *in* S. Thernstrom (éd.), 1981), la première analyse sérieuse de l'ethnicité aux Etats-Unis n'est autre que l'ouvrage de William Graham Sumner, *Folkways*, publié en 1906. Quoi qu'il en soit, le mot *ethnicity* apparaît pour la première fois dans le livre de Lloyd Warner, *The Social Life of a Modern Community*, en 1941 (W. Sollors, 1986). David Riesman l'utilise pour sa part dans un article dont il constitue le titre et qui est publié en 1953 (A. Bacal, 1990). Pour le reste, il faudra attendre la fin des années soixante et le début des années soixante-dix pour observer une réelle croissance exponentielle de l'usage du mot *ethnicity* dans la production scientifique. Après le travail de pionnier réalisé par Nathan Glazer et Daniel Moynihan avec leurs célèbres ouvrages *Beyond the Melting-Pot* et *Ethnicity : Theory and Experience*, les articles et les ouvrages se compteront vite par centaines puis par milliers. Une revue dont le titre n'est autre que *Ethnicity* sera même créée en 1974 aux Etats-Unis. Progressivement, le mot *ethnicity* gagnera toutes les sphères de la société américaine pour finalement donner lieu, selon certains observateurs, à une vogue, à un véritable culte, à la rage des années quatre-vingt-dix (A. Schlesinger, 1992). Toutefois, cette reconnaissance du terme *ethnicity* a connu de nombreux obstacles qui reflètent en fait les difficultés rencontrées par le développement de l'étude académique des relations ethniques d'une part, et par la prise en compte de l'importance de l'ethnicité en tant qu'affiliation à un groupe autre que la nation américaine, d'autre part.

Rien de tel n'est encore observable dans la plupart des sociétés francophones. Le mot ethnicité ne figure pas encore dans les dictionnaires usuels de la langue française. Le concept pour sa part, a été à quelques exceptions près ignoré dans l'histoire des sciences sociales francophones jusqu'au milieu des années quatre-vingt et au début des années quatre-vingt-dix. Ainsi, il apparaît à quelques reprises en 1973 dans un article de Guy Nicolas (1973) publié dans les *Cahiers internationaux de sociologie*. On le retrouve quelques années plus tard dans un article de William Douglass et Stanford Lyman (1976) publié dans la même revue. Ce texte est en réalité une traduction de l'américain. Dans le résumé qui le précède, les auteurs annoncent qu'ils vont retracer l'histoire de l'émergence du concept d'ethnicité. Toutefois, le mot n'apparaît nulle part ailleurs dans l'article; les termes d'ethnie ou d'identité ethnique l'y remplaçant partout.

Depuis quelques années, le concept d'ethnicité gagne pourtant peu à peu du terrain dans les sciences sociales. Le nombre de publications qui l'utilisent est en augmentation constante. Cependant, il ne jouit pas encore d'une grande reconnaissance dans le champ académique. Dans le *Dictionnaire de l'ethnologie et de l'anthropologie* de Pierre Bronté et Michel Izard publié en 1991, par exemple, il n'y a pas d'entrée pour ethnicité. Le sujet est traité de façon rudimentaire sous les rubriques ethnie et ethnies minoritaires. De même, le concept d'ethnicité est pratiquement absent de la plupart des dictionnaires et des ouvrages introductifs de sociologie et de science politique.

Globalement, le concept d'ethnicité n'est adopté que par une petite minorité des chercheurs travaillant dans le champ de l'immigration ou encore dans le domaine du nationalisme. Les autres, la majorité, continuent de le rejeter pour deux raisons principales. Pour certains chercheurs, ce concept serait en quelque sorte le fruit d'une tentative d'actualiser les théories raciales et racistes du siècle dernier. Autrement dit, il ne s'agirait pas du tout d'un concept scientifique mais bien d'une arme idéologique dont l'utilisation conduirait inévitablement à une réinstallation du racisme dans la science contemporaine. Pour d'autres, il serait une invention typiquement américaine peut-être utile dans le contexte des relations entre groupes aux Etats-Unis, mais qu'il serait vain de vouloir appliquer en Europe, en général, et en France, en particulier.

Ainsi, le rejet du concept d'ethnicité reste encore la règle dans les sciences sociales francophones. Il semble procéder d'un préjugé plutôt qu'être le résultat d'une démarche analytique. Certes, plusieurs conceptions de l'ethnicité, comme nous le verrons, s'inscrivent dans une continuité historique par rapport à la tradition raciste. Cela ne suffit pour autant pas à généraliser d'emblée et à associer toutes les conceptions et tous les usages de l'ethnicité à cette mouvance idéologique. Par ailleurs, le fait qu'il ait été développé aux Etats-Unis ne signifie pas nécessairement qu'il soit inutile dans un autre contexte social. Il faut sans doute examiner les conditions qui permettraient de lui donner une pertinence en France, par exemple, mais non pas en rejeter par avance l'emploi. S'il fallait toujours réagir de la sorte et refuser de considérer les concepts et théories venant d'ailleurs, les sciences sociales francophones s'en trouveraient fortement appauvries.

Ce n'est pas en refusant d'utiliser un mot que les réalités qu'il désigne disparaîtront. Les sciences sociales doivent sans cesse être à la recherche d'outils neufs et plus performants leur permettant de donner du sens à un monde de plus en plus complexe. Cette attitude d'ouverture plaide pour un examen du concept d'ethnicité qui constitue l'objectif de cet ouvrage. Une étape indispensable de cette analyse consiste à retracer brièvement l'émergence du concept d'ethnicité en mettant en lumière le rôle, parfois non désiré, de l'anthropologie et de l'ethnologie dans son développement.

II. — **Ethnie, ethnologie, ethnicité**

D'après Jean-Loup Amselle (1987), il convient d'établir une distinction entre ethnie et ethnicité. Le concept d'ethnie serait surtout utilisé par les anthropologues et les ethnologues étudiant des sociétés non occidentales. En revanche, le concept d'ethnicité serait employé par les sociologues pour rendre compte principalement de la société pluri-ethnique nord-américaine. Cette constatation, correcte d'un point de vue historique, mérite d'être nuancée à la lumière des récents développements des sciences sociales. En effet, d'une part, des sociologues influents n'hésitent plus à avoir recours au concept d'ethnie. On peut par exemple citer le sociologue britannique Anthony Smith (1986) qui en fait une notion centrale de ses travaux. Il remarque d'ailleurs judicieusement que le mot ethnie n'a pas d'équivalent précis en anglais. Il reprend par conséquent le mot français ethnie, terme qui occupe une place de choix dans l'histoire de l'ethnologie francophone. D'autre part, nombreux sont les anthropologues anglophones influents qui utilisent le concept d'ethnicité pour étudier des sociétés tant occidentales que non occidentales. Toutefois, la constatation de Amselle conduit à en établir une autre : l'intérêt anthropologique et ethnologique pour l'ethnicité n'est pas universel. Ce concept est effectivement peu présent dans la tradition française alors qu'il occupe une place centrale dans d'autres traditions de recherche.

Cela dit, nul ne peut nier l'étroite proximité entre les

concepts d'ethnie et d'ethnicité. Le second découle du premier mais de façon différente dans les sciences sociales d'expression anglaise et de langue française. Cette différence explique la plus grande utilisation du concept d'ethnicité dans les sciences sociales anglophones que dans la production en langue française.

Ethnie, ethnique, ethnicité, ethnologie proviennent d'une même racine grecque. Ainsi, ethnie dérive de la notion d'*ethnos* (au pluriel *ethnè*) qui désignait à l'origine les peuples n'ayant pas adopté le modèle politique et social de la cité-Etat *(polis)*. Quant au terme *ethnikos*, l'adjectif d'*ethnos*, duquel dérivent les termes anglais *ethnic* et *ethnicity* ainsi que les mots français correspondants, ethnique et ethnicité, il signifiait *gentil*, c'est-à-dire le nom que les juifs et les chrétiens donnaient aux païens. Dans son premier usage anglais, *ethnic* avait ce même sens d'impie. Ainsi, dans le *Léviathan*, Hobbes exhorte les chrétiens convertis à se soumettre à leurs gouvernants ethniques, c'est-à-dire non croyants. Enfin, ethnologie vient des mots grecs *ethnos* — dont nous venons de donner le sens — et *logos*, à savoir, parole et discours.

Même s'il permettait de définir négativement non seulement le peuple, mais aussi l'altérité, les étrangers, les païens, le vocabulaire ethnique ne présentait donc originellement aucune connotation raciale ou racisante. Elle a en réalité été introduite plus tard et le vocabulaire ethnique a dès lors principalement été lié à la nation et à la « race ». A partir du XIXe siècle, le vocabulaire ethnique a été repris dans cette acception pour désigner les particularités des races humaines, tant en français qu'en anglais. Il s'est dès lors clairement inscrit dans la problématique raciale qui caractérisait cette époque. En France, à la suite des travaux de Gobineau, de Vacher, de Lapouge ou encore de Montandon, le terme français *ethnie* désigne ceux qui sont liés par des liens raciaux, culturels et sentimentaux, abstraction faite des frontières nationales (W. Petersen, *in* S. Thernstrom (éd.), 1981)[1].

Par ailleurs, suite aux atrocités nazies, le vocabulaire racial sera progressivement remplacé par le vocabulaire ethnique dans les sciences sociales occidentales. L'Unesco jouera un rôle majeur dans ce processus de remplacement (A. Bacal, 1990).

Que les termes ethnicité et *ethnicity* proviennent du terme ethnie dont l'étude a pendant longtemps été l'apanage de l'ethnologie peut difficilement être contesté. De même, force est de reconnaître que le vocabulaire ethnique s'est substitué au vocabulaire racial proscrit dans la seconde moitié du XXe siècle suite aux génocides perpétrés par les nazis.

Ces deux constatations ne permettent cependant pas d'expliquer pourquoi le mot *ethnicity* est ordinairement élevé au rang de concept dans les sciences sociales anglophones et pourquoi le terme ethnicité, malgré un usage de plus en plus fréquent, relève encore du tabou pour la majorité du monde académique francophone.

Tout se passe comme si, en raison de sa filiation avec ethnie et ethnique, le mot français ethnicité restait associé aux théories raciales du siècle dernier et aux conceptions substantielles de la culture qui lui ont succédé. En France notamment, ethnicité est encore très souvent perçu comme un euphémisme pour race ; ce mot étant compris au sens biologique hérité du XIXe siècle. Dès lors, l'ethnicité renvoie logiquement soit à une idéologie, soit à des pratiques racistes abjectes. L'usage du mot en vient donc à être largement proscrit.

---

1. Le lecteur désireux d'approfondir ces aspects pourra se référer à deux autres ouvrages de cette collection, à savoir *Les ethnies* de Roland Breton, Paris, PUF, « Que sais-je ? », n° 924, 2e éd., 1992 et *Histoire de l'ethnologie* de Jean Poirier, Paris, PUF, « Que sais-je ? », n° 1338, 4e éd., 1991.

En revanche, les sociologues américains qui ont introduit le concept d'*ethnicity* se sont certes inspirés de la tradition ethnologique de l'étude des ethnies en utilisant ce terme pour inventer le néologisme *ethnicity*. Toutefois, ils ont beaucoup plus clairement rompu avec toutes les connotations raciales associées au vocabulaire ethnique que les penseurs francophones. La nécessité d'inventer un mot nouveau est d'ailleurs justifiée par l'émergence d'une réalité neuve, l'émergence et la construction de groupes ethniques comme groupes d'intérêt sur la scène politique américaine. En d'autres mots, même si l'ancienne conception associant le vocabulaire ethnique à la problématique raciale n'a pas disparu, la création du mot *ethnicity* a en même temps rendu possible une rupture avec le mot ethnie et avec les théories raciales. L'*ethnicity* s'est en quelque sorte assez largement développée contre l'ethnie et contre la race. La notion d'*ethnicity* a par conséquent pu être débattue publiquement beaucoup plus tôt que dans le monde francophone.

Il serait par ailleurs intéressant d'essayer d'expliquer pourquoi l'introduction de l'ethnicité aux Etats-Unis a signifié une rupture avec les théories raciales — rupture qui n'a, bien sûr, pas été acceptée par tous — alors que cela n'a été le cas qu'à un beaucoup plus faible degré et plus tardivement en France. Toutefois, l'espace est insuffisant pour se lancer dans un tel exercice. Mieux vaut passer à la présentation des principaux niveaux de l'ethnicité et ainsi continuer cette tentative d'élucider un concept bien compliqué.

Chapitre II

LES TROIS NIVEAUX DE L'ETHNICITÉ

D'après Irving Howe, le terme ethnicité serait très utile parce que personne ne sait exactement ce qu'il signifie réellement (W. Sollors, 1986). Au-delà de sa tonalité ironique, cette affirmation paradoxale contient une part non négligeable de vérité. En effet, la littérature spécialisée présente un nombre presque illimité de définitions de l'ethnicité. Certaines d'entre elles convergent tandis que d'autres divergent au point de donner l'impression que le même mot est en fait utilisé pour rendre compte de réalités tout à fait différentes. A bien des égards, la recherche sur l'ethnicité semble par conséquent se trouver dans une situation de chaos théorique et empirique (A. Bacal, 1990).

Par ailleurs, si l'on désire dépasser le stade d'une définition aussi générale que vague de ce concept et d'un simple inventaire, fut-il ordonné, des multiples définitions de l'ethnicité disponibles, il convient de situer les plus importantes d'entre elles dans le cadre des théories dans lesquelles elles s'insèrent et avec lesquelles elles sont en accord. Un des objectifs du chapitre suivant sera précisément d'aider le lecteur à le faire.

Néanmoins, il est difficile de faire l'économie d'une définition de départ de l'ethnicité qui puisse en quelque sorte servir de rampe de lancement pour la réflexion ultérieure au sujet d'une réalité extrêmement complexe et dynamique.

I. — Une définition de l'ethnicité

L'ethnicité constitue une des formes majeures de différenciation sociale et politique d'une part, et d'inégalité structurelle, d'autre part, dans la plupart des sociétés contemporaines.

Elle repose sur la production et la reproduction de définitions sociales et politiques de la différence physique, psychologique et culturelle entre des groupes dits ethniques qui développent entre eux des relations de différents types (coopération, conflits, compétition, domination, reconnaissance, etc.).

L'ethnicité est donc liée à la classification sociale des individus et aux relations entre groupes dans une société donnée. Parler d'ethnicité et de groupes ethniques en isolement total est aussi absurde que de parler du bruit d'applaudissements à une seule main disait Gregory Bateson (T. Eriksen, 1993). L'ethnicité ne peut émerger que lorsque des groupes ont un minimum de contacts entre eux et qu'ils doivent entretenir des idées de leur spécificité culturelle, physique ou psychologique réciproque afin de reproduire leur existence en tant que groupes.

Du point de vue des sciences sociales, l'ethnicité ne devrait absolument pas se définir par un ensemble de caractéristiques physiques, psychologiques et culturelles objectives des groupes. Ce ne sont pas la différence et la substance culturelles ou biologiques objectives qui fondent l'ethnicité, mais bien la perception de leur importance pour les relations sociales, qu'elles soient « réelles » ou non. En d'autres mots, l'ethnicité se définit plutôt par la construction sociale et politique de ces substances et de ces différences biologiques et culturelles dans la mesure où elle permet la création de groupes distincts. En une phrase, l'ethnicité est un aspect des relations sociales entre des acteurs sociaux qui se considèrent et qui sont considérés par les autres comme étant culturellement distincts des membres d'autres groupes avec lesquels ils ont un minimum d'interactions régulières.

Pour prendre un exemple assez actuel, ce n'est pas la différence culturelle ou physique objective entre les deux groupes qui fonde les ethnicités serbe et croate, mais le fait que dans leurs interactions, ces deux groupes se sont récemment comportés comme s'ils croyaient en l'existence d'un caractère culturel distinctif propre leur permettant de se définir par rapport à l'autre groupe.

L'ethnicité implique certes des critères de type physique et culturel. Toutefois, ils sont considérés comme des constructions sociales et politiques et absolument pas comme des réalités naturelles intangibles. En ce qui concerne les différences physiques et psychologiques, les biologistes ont démontré que la notion de « race » n'avait aucun sens scientifique lorsqu'on tente de l'appliquer à l'espèce humaine. Plus clairement, les races humaines n'existent pas d'un point de vue physique et biologique. Toutefois, en dépit de l'inexistence biologique des races humaines, cette notion existe bel et bien en tant que construction sociale et politique. En effet, nombreux sont ceux qui se comportent comme si les races humaines existaient. Ils classifient dès lors les individus selon un critère racial. Cette classification peut aller jusqu'à la mise en place d'un régime politique d'apartheid. Le rôle des sciences sociales sera précisément d'étudier la pertinence sociale et politique de ce type de catégorisation et de domination. Certains chercheurs, par exemple Harry Goulbourne, Julian Pitt-Rivers et Charles Wagley, ont d'ailleurs judicieusement proposé d'utiliser l'expression de « race sociale » afin de mettre en évidence le caractère construit et non pas biologique et naturel de cette notion.

Il en va de même des différences culturelles. Elles ne

sont pas données une fois pour toutes. Elles sont sans arrêt reconstruites par les acteurs et les structures sociales à la faveur des relations entre individus et entre groupes. Dans certains cas d'énormes différences culturelles n'ont aucune pertinence sociale dans la mesure où elles ne permettent pas aux acteurs sociaux de se classer et de classer les autres. Dans d'autres cas, en revanche, des dissemblances culturelles minimes exercent une influence cruciale sur la composition et la formation des groupes sociaux dans une société donnée. Contrairement à l'exemple précédent, ce dernier cas retiendra l'attention du spécialiste de l'ethnicité dès lors que l'appel à la différence culturelle, quelle que soit sa « réalité », contribue à structurer les relations entre des groupes humains.

A ce stade du raisonnement, la définition proposée suscite les commentaires suivants. En premier lieu, l'ethnicité n'est qu'une forme de classification sociale et politique et une forme d'inégalité structurelle parmi d'autres. En effet, les relations et les clivages ethniques sont étroitement liés à d'autres formes de relations et de clivages sociaux entre classes sociales, entre sexes ou encore, entre Etats-nations. Une des tâches des sciences sociales sera précisément d'analyser comment ces différents modes de classification et de clivage sociaux interagissent et évoluent dans le temps et dans l'espace. En second lieu, si l'ethnicité revêt une importance considérable dans la plupart des sociétés contemporaines, il n'en est pas toujours et partout ainsi. A certaines époques et dans certains contextes sociaux, l'ethnicité ne présente aucune pertinence dans les rapports sociaux. L'ethnicité est ainsi une variable dans l'histoire de l'humanité (A. Cohen, 1974).

Compte tenu de ces deux remarques, il faut se garder de commettre deux erreurs fréquentes dans le champ de l'étude de l'ethnicité. D'une part, il faut éviter de procéder à une réification de l'ethnicité, à savoir de la traiter comme une réalité donnée, naturelle, inévitable et finalement inexplicable. D'autre part, il faut éviter d'exagérer son importance et sa portée et de la considérer comme la seule dimension significative de la vie sociale (P. Brass, 1991).

Cela dit, l'importance de l'ethnicité doit être appréciée à trois niveaux auxquels elle peut avoir des implications significatives dans certaines conditions : le niveau microsocial, le niveau mésosocial et le niveau macrosocial. Cette triple distinction permettra de mieux caractériser l'ethnicité dans toute sa complexité.

II. — Le niveau individuel et microsocial

Au niveau individuel et microsocial, l'ethnicité revêt une dimension largement subjective. Elle correspond au sentiment, à la conscience d'appartenance qu'éprouve l'individu à l'égard d'un groupe ethnique au moins. Cette approche subjective s'inspire des travaux de Max Weber selon lequel les groupes ethniques sont des ensembles d'individus qui croient en une communauté d'origine commune fondée sur une similitude de culture, de mœurs ou d'expérience, abstraction faite de l'existence objective d'une telle communauté (M. Weber, 1978).

Actuellement, la plupart des chercheurs reconnaissent sans peine la multiplicité des identités. En effet, chaque individu peut se caractériser par plusieurs identités qui se matérialisent éventuellement de façon simultanée ou successive compte tenu du contexte historique, social, économique et politique. L'individu peut ainsi avoir le sentiment d'appartenir à un groupe professionnel, à un groupe sexuel, à une classe sociale, à une nation, à un groupe ethnique, etc. Ces différents éléments identitaires se structurent en principe dans une identité composite qui permet à l'individu de prendre part à titre d'acteur à des interactions sociales.

L'identité, en général, des individus n'est pas une donnée objective primordiale, intangible et immuable. Au contraire, elle est le produit d'un processus dynamique de construction sociale, historique et politique. Il en va de même de l'identité ethnique. Les individus ne naissent pas munis d'une identité ethnique comme ils viennent au monde avec deux bras et deux jambes.

L'identité ethnique est elle aussi variable. Elle peut être multiple. L'individu peut par exemple à la fois se sentir parisien, français, européen et arabe, dans le cas où un de ses parents est de cette origine. Il peut être porteur de ces identités simultanément ou bien choisir celle qui convient le mieux à la situation particulière dans laquelle il est plongé. L'identité ethnique peut aussi être latente, voire même inexistante. Certaines personnes n'ont pas nécessairement le sentiment d'appartenir à une nation ou à un groupe ethnique particulier, mais plutôt à l'Humanité et à leur groupe sexuel par exemple.

Dans ces conditions, l'étude de l'ethnicité à ce niveau devra se demander en quoi l'identité ethnique peut revêtir une importance fondamentale pour l'individu. Résulte-t-elle toujours d'un choix individuel ou bien est-elle aussi souvent le fruit d'une attribution sociale et politique ? Comment l'identité ethnique se développe-t-elle à la faveur des interactions sociales ? Quels sont les processus par lesquels les individus tentent de s'assigner mutuellement à des catégories ethniques en utilisant une panoplie d'indices comme les coutumes, les langues, la religion, etc. ? Quelles sont les relations entre les identités ethniques et les autres types d'identités ?

Ces questions ont longtemps été négligées dans l'étude de l'ethnicité. Elles n'étaient pas à l'ordre du jour dans la mesure où l'identité ethnique était associée à la nature et échappait par conséquent à une investigation relevant des sciences sociales. Il n'en est plus ainsi à l'heure actuelle. Nombreux sont les chercheurs qui insistent sur le caractère construit et dynamique des identités ethniques. Afin de rendre compte de ce mouvement et de cette variabilité, peut-être faudrait-il d'ailleurs raisonner en termes d'identification ethnique plutôt que d'identité ethnique.

III. — Le niveau groupal et mésosocial

Au niveau précédent, une des tâches de la recherche était de découvrir l'importance de l'identité ethnique pour l'individu. En revanche, l'ethnicité au niveau groupal et mésosocial correspond principalement à la mobilisation ethnique et à l'action collective ethnique.

Les groupes ethniques ne sont pas des réalités données, naturelles qui existent comme telles dans la société. Certes, les chercheurs peuvent diviser la population en une série de catégories ethniques distinctes sur la base d'un ensemble de critères comme la couleur de peau, l'origine nationale, l'expérience migratoire, la religion, la langue parlée, etc. Par ailleurs, certains individus peuvent avoir le sentiment d'appartenir à un groupe ethnique qui correspond plus ou moins bien aux catégories distinguées par le chercheur. Toutefois, les entités ethniques ainsi délimitées n'ont pas nécessairement une existence sociale. Elles peuvent éventuellement en acquérir une à la faveur de la cristallisation des identités ethniques individuelles dans une identité ethnique collective, c'est-à-dire à la faveur de la création d'un groupe ethnique proprement dit.

La mobilisation ethnique désigne les processus par lesquels les groupes ethniques s'organisent et se structurent sur la base d'une identité ethnique commune en vue de l'action collective (J. Nagel, 1994). Il s'agit ici d'étudier comment les associations ethniques se créent, quel type de leadership ethnique émerge et comment le groupe s'organise.

Actuellement, l'ethnicité constitue incontestablement un principe mobilisateur important aux quatre coins du globe. Toutefois, cette force de l'ethnicité pour structurer l'action collective doit être expliquée. Il faudra dégager les conditions sociales, politiques, économiques et culturelles qui favorisent l'émergence de l'ethnicité sur la scène publique à certaines périodes et en certains endroits alors qu'à d'autres époques et en d'autres lieux, elle semble en léthargie.

C'est aussi à ce niveau qu'il faudra étudier les actions collectives dans lesquelles sont engagés les groupes ethniques ainsi construits. Cela suppose un examen attentif des relations entre les différents groupes ethniques en action dans une société donnée. Quelle est la nature de ces relations? Sont-elles conflictuelles, compétitives, coopératives, etc.? Quelles sont les revendications avancées par les différents groupes? S'engagent-ils dans la politique formelle ou bien ont-ils recours à d'autres moyens de participation collective?

IV. — **Le niveau macrosocial**

L'ethnicité correspond aux processus d'identification individuelle à une entité ethnique. L'ethnicité doit aussi être étudiée comme un processus de mobilisation groupale et comme un principe mobilisateur pour l'action collective. Enfin, ce tableau introductif serait inachevé si l'on omettait de se situer au niveau macrosocial.

A ce niveau, l'ethnicité concerne les contraintes structurelles de nature sociale, économique et politique qui façonnent les identités ethniques et qui assignent les individus à une position sociale déterminée en fonction de leur appartenance imputée à une catégorie ethnique.

L'ethnicité n'est plus simplement appréhendée en termes identitaires. Au contraire, l'accent est mis sur les contraintes structurelles qui s'imposent de façon plus ou moins décisive aux individus. Leur appartenance à une catégorie ethnique exerce une influence considérable sur leur existence sociale, professionnelle et culturelle aussi bien que sur leur bien-être matériel. Dès lors, l'ethnicité n'est plus tellement une question de choix individuel et subjectif mais bien une obligation relative à laquelle doivent faire face les individus classés, parfois contre leur gré, dans une catégorie ethnique (B. Lal, 1983). Quelle que soit leur conscience d'appartenance, les individus sont rangés dans une catégorie ethnique et ce classement entraîne des conséquences considérables quant aux différentes dimensions de leur vie quotidienne. L'ethnicité constitue donc un axe objectif de clivage social dans les sociétés contemporaines.

Trois sources principales d'ethnicité entendue dans ce sens d'une contrainte objective qui pèse sur les individus peuvent être distinguées. Tout d'abord, la division sociale du travail et le marché du travail peuvent être créateurs de divisions ethniques objectives. Dans certaines sociétés, on observe une concentration de catégories ethniques particulières dans des domaines particuliers de l'activité économique (construction, confection, industrie lourde, etc.) et dans certaines professions et métiers (mineurs, ouvriers spécialisés, etc.). En fonction de son appartenance ethnique supposée, l'individu aura beaucoup de chances d'occuper une position déterminée sur le marché de l'emploi qu'il ne pourra souvent quitter qu'avec grande difficulté. Dans les sociétés d'Europe occidentale par exemple, on note souvent une surreprésentation des travailleurs immigrés et de leurs descendants dans l'industrie lourde en déclin où ils effectuent des tâches dangereuses et peu rémunérées au bas de l'échelle. Lorsqu'une position particulière sur le marché du travail est attribuée aux individus en fonction de leur appartenance supposée à une catégorie ethnique, on peut parler de stratification ethnique de ce marché du travail. L'esclavage est un cas extrême dans la mesure où l'esclave, aux Etats-Unis par exemple, était tout à fait enfermé dans sa position de travailleur agricole exploité et totalement assujetti à son maître en fonction de sa couleur de peau. Il ne participait pas au même marché du travail que les autres travailleurs. Ce dernier était donc divisé ou dualisé.

L'Etat ensuite peut jouer un rôle important dans la construction et l'institutionnalisation de l'ethnicité. Après la Seconde Guerre mondiale, l'Etat a, dans le monde occidental, étendu son intervention sociale en allouant des ressources qui étaient préalablement réparties par le marché. Pour ce faire, il a parfois défini des groupes cibles pour l'allocation de ces ressources sur la base de l'appartenance ethnique supposée des individus.

Enfin, il faut aussi s'interroger sur le rôle des chercheurs et de la production scientifique dans la création et la reproduction de l'ethnicité. Le chercheur qui interroge le social à partir d'une grille de lecture ethnique ne contribue-t-il pas à créer la réalité qu'il désire trouver? (T. Eriksen, 1993). Par exemple, les penseurs américains qui parlaient dès les années soixante du déclin des classes sociales et de l'émergence des groupes ethniques n'ont-ils pas dans une certaine mesure permis l'accentuation effective des clivages ethniques objectifs dans la société américaine?

Quoi qu'il en soit, plusieurs remarques peuvent être faites dont certaines seront approfondies à la faveur de l'examen des théories principales de l'ethnicité au chapitre suivant. Il apparaît en premier lieu que l'ethnicité n'est pas une question de parenté et d'ascendance biologiques mais plutôt une question de construction sociale et politique. L'ethnicité est par conséquent une variable et non une caractéristique immuable et ineffable de l'humanité. Selon les cas, elle pourra toutefois être considérée, soit comme une variable dépendante qu'il faudra expliquer, soit comme une variable indépendante qui permettra de rendre compte d'autres phénomènes. En second lieu, l'ethnicité n'en est pas pour autant une affaire exclusive de choix individuel et de subjectivité. Elle est aussi une affaire de contrainte structurelle et objective. En troisième lieu, les trois niveaux de l'ethnicité qui viennent d'être analytiquement distingués doivent être pris en compte dans les schémas théoriques de l'ethnicité. Dans la mesure où l'ethnicité est autant une question de volontarisme individuel, de contraintes macrosociales que d'organisation groupale, les explications les plus convaincantes seront celles qui s'efforceront de combiner ces trois niveaux et les approches micro-, méso- et macrosociales.

Chapitre III

LES PRINCIPALES APPROCHES THÉORIQUES DE L'ETHNICITÉ

Au cours des vingt dernières années, l'ethnicité a donné lieu à de multiples tentatives de théorisation alors qu'auparavant, toutes les discussions théoriques s'inscrivaient plus directement soit dans le paradigme assimilationniste, soit dans le paradigme du pluralisme culturel. Cette diversification de la production académique sur l'ethnicité s'explique en partie par la prise de conscience des limites des deux modèles évoqués qui résistaient de moins en moins bien à une confrontation avec la dynamique ethnique observable dans un monde en mutation profonde.

L'objectif de ce chapitre est de donner un aperçu global des théories de l'ethnicité. Toutefois, l'exhaustivité étant impossible à atteindre ici, des choix doivent être opérés quant aux approches théoriques dont la présentation s'avère indispensable. Deux critères principaux ont présidé à cette sélection toujours quelque peu douloureuse (R. Thompson, 1989). En premier lieu, les théories retenues servent ou ont servi de base à de nombreux travaux empiriques entrepris dans le domaine de l'ethnicité. Elles ont donc eu un écho relativement important sur la scène académique. En second lieu, ces approches théoriques présentent un degré de généralité suffisamment élevé. Elles proposent un schéma explicatif de l'ethnicité et des relations ethniques assez large basé sur un ensemble de présupposés, voire d'axiomes, loin d'être indiscutables.

En règle générale, les différentes théories de l'ethnicité reconnaissent que l'inégalité ethnique persistante est un des problèmes majeurs qu'elles doivent élucider. Pour la plupart d'entre elles, l'inégalité ethnique est la source majeure de l'importance sociale actuelle des thèmes ethniques. Par ailleurs, toutes insistent avec plus ou moins de vigueur sur la complexité de l'ethnicité. En revanche, le désaccord est presque total quand il s'agit de répondre à la question de savoir ce qu'est une explication utile et acceptable de l'ethnicité.

A cet égard, deux types de théories de l'ethnicité peuvent être distinguées : les théories naturalistes et les théories sociales (R. Thompson, 1989). Les théories naturalistes considèrent l'ethnicité et les comportements ethniques comme des aspects essentiels de la nature humaine. Le besoin d'avoir une affiliation ethnique et d'agir en conséquence serait inscrit dans notre nature. Il s'agirait d'un besoin biologique à l'instar des besoins alimentaires et du besoin de sommeil. En revanche, les théories sociales mettent l'accent sur les facteurs sociaux intervenant dans l'explication de l'ethnicité. Elles considèrent les groupes ethniques comme des constructions sociales et non comme des réalités biologiques. L'ethnicité est perçue, à des degrés variables selon les théories, comme un attribut du contexte et des situations sociales. Cette distinction fondamentale est à la base de l'architecture de ce chapitre.

Par ailleurs, il peut *a priori* être attendu de chaque théorie qu'elle s'efforce d'expliquer l'ethnicité aux trois niveaux distingués au chapitre précédent. En premier lieu, comment rendre compte des sentiments ethniques et des classifications ethniques ? Comment se fait-il que les individus ont éventuellement le sentiment d'appartenir à une catégorie ethnique ? Comment expliquer qu'ils rangent les autres dans l'une ou l'autre catégorie ethnique ? En second lieu, comment se crée l'identité collective d'un groupe ethnique et quelles sont les conditions de l'émergence d'une action collective ethnique ? Quelles formes prendra cette dernière et pourquoi ? Enfin, comment expliquer que certains systèmes sociaux allouent des positions et des rôles sociaux sur la base de critères ethniques et d'autres pas ? L'examen des différentes théories permettra de les comparer quant aux positions qu'elles défendent éventuellement en relation à ces trois problèmes.

Afin de fournir au lecteur des clés de comparaison lui permettant de développer son propre point de vue critique par rapport aux différentes théories présentées, une grille de présentation en sept points a été élaborée. Elle sera, dans la mesure du possible, respectée pour chaque théorie ou pour chaque ensemble théorique. Ainsi, le contexte général de son apparition sera présenté. Chacune d'entre elles sera située dans la cadre de sa discipline scientifique d'origine. Il faudra aussi reproduire la définition particulière de l'ethnicité préconisée et envisager à quel(s) niveau(x) la théorie se situe (micro-, méso- ou macrosocial). Les questions précises qu'elle pose et ses lignes de force seront dégagées. Enfin, les apports et les problèmes majeurs de chaque théorie seront mis en évidence.

I. — **Les théories naturalistes**

Il peut *a priori* sembler inopportun de discuter des théories naturalistes dans un ouvrage de sciences sociales. En effet, ces dernières soulignent l'importance de facteurs sociaux dans l'explication de différentes facettes de la réalité sociale alors que les premières insistent plutôt sur des facteurs biologiques et naturels. Toutefois, deux raisons plaident pour l'inclusion des théories naturalistes dans ce propos. Premièrement, elles ont la prétention d'expliquer le social, certes en le réduisant essentiellement au biologique et au naturel. A ce titre, plutôt que les ignorer, il faut les confronter aux sciences sociales et éventuellement montrer en quoi les explications fournies par ces dernières s'avèrent davantage pertinentes. Deuxièmement, les théories naturalistes exercent une influence sur les sciences sociales au sein desquelles elles stimulent parfois le débat. Dès lors, dans la mesure où elles amènent les sciences sociales à se situer par rapport à elles, il devient difficile de faire l'impasse sur une présentation, fut-elle sommaire, des théories naturalistes les plus importantes, à savoir, la théorie sociobiologique et les autres théories primordialistes.

1. La théorie sociobiologique de l'ethnicité. — La sociobiologie est une discipline récente dont la naissance est souvent associée à la publication de l'ouvrage de Edward Wilson *Sociobiology : The New Synthesis* en 1975. Comme son nom le laisse supposer, cette discipline a la prétention de proposer une synthèse scientifique entre la sociologie et la biologie. Dès l'origine, elle a été largement contestée notamment en raison de sa non *falsifiabilité* et de son contenu raciste. Toutefois, elle semble avoir inspiré certains sociologues, en l'occurrence dans le domaine de l'ethnicité. Ainsi, un ouvrage récent de Charles Murray intitulé *The Bell Curve : Intelligence and Class Structure in American Life* (1994) a ravivé la controverse en prétendant notamment que les liens entre l'intelligence et la « race » sont finalement assez étroits.

Dans le champ particulier des relations ethniques et raciales, c'est néanmoins le livre de Pierre van den Berghe, *The Ethnic Phenomenon* (1981) qui constitue, encore de nos jours, le socle de l'approche sociobiologique.

L'analyse de van den Berghe repose sur le principe d'adaptation globale[1] et sur les notions de népotisme, ou de sélection parentale, et de réciprocité qui en dérivent. Pour l'auteur d'origine belge, la cohésion des sociétés humaines, à l'instar des sociétés animales, repose sur l'intérêt individuel de leurs membres. Ce dernier se mesure en termes de succès reproductif. En effet, c'est à travers la reproduction différentielle que l'évolution biologique de toute forme de vie se produit. Ainsi, les individus interagis-

---

1. Il s'agit d'une traduction libre et probablement approximative de l'expression anglaise *inclusive fitness* utilisée par van den Berghe.

sent, entrent en conflit, en compétition, ou coopèrent afin de maximiser leur adaptation individuelle, c'est-à-dire afin de satisfaire leur intérêt reproductif individuel. Ils le font de trois façons principales : d'abord, à travers le népotisme ou la sélection parentale ; ensuite, à travers la réciprocité ; enfin, au moyen de la coercition. A cet égard, rien ne permet de différencier fondamentalement le comportement humain du comportement des autres animaux.

Le népotisme, ou la sélection parentale, désigne la tendance naturelle des individus à favoriser leurs parents, c'est-à-dire des êtres porteurs des mêmes gènes, afin de maximiser leur adaptation individuelle ou de satisfaire leur intérêt reproductif individuel. Dans certains cas, la satisfaction de l'intérêt reproductif individuel passe par la coopération avec des individus génétiquement éloignés. C'est ce type de relation que l'on dénomme réciprocité. Toutefois, van den Berghe pense que la coopération se révèle souvent être très instable. Il en découle une nécessité de coercition afin d'assurer son efficacité et son respect de la part de chaque partie.

Dans ce modèle, l'ethnicité est avant tout une affaire de sang, de gènes et de descendance objective commune entre les individus caractérisés par une même ethnicité. Même si van den Berghe reconnaît que son importance peut varier selon les circonstances sociales, il reste qu'elle repose toujours sur un substrat biologique et génétique qui rapproche naturellement les individus appartenant au même groupe ethnique. Les bases des relations ethniques et raciales sont logiquement à trouver dans les prédispositions génétiques à la sélection parentale. Cette force conduit les individus à se comporter de façon égocentrique et ethnocentrique. La société et la culture ne sont que le résultat de la somme de comportements individuels motivés par l'héritage génétique de chacun. Enfin, les systèmes sociaux sont naturellement hiérarchisés, coercitifs et racistes. En d'autres mots, l'Homme serait par nature raciste mais il y aurait malgré tout un espoir de lutter contre cette fatalité au moyen de la culture. De plus, l'individu serait aussi, dans certains cas, contraint de coopérer avec des étrangers, au sens biologique, pour satisfaire son intérêt reproductif.

La théorie sociobiologique de l'ethnicité repose sur ces notions de sélection parentale et de réciprocité. Pour van den Berghe, les classifications et les sentiments ethniques doivent être compris comme des extensions du népotisme. Quant aux formes d'organisation sociale ethnique, elles ont certainement une base népotiste mais elles sont aussi le résultat de développements culturels.

Van den Berghe élabore trois propositions pour expliquer les classifications et les sentiments ethniques. Premièrement, les classifications ethniques sont des extensions des classifications parentales. Ces dernières permettent de classifier les hommes et les femmes en parents et non-parents sur la base du critère objectif de la descendance commune. Deuxièmement, les sentiments ethniques sont des extensions des sentiments parentaux, c'est-à-dire de la tendance naturelle à favoriser les parents au détriment des non-parents. Dès lors, le racisme et la tendance à favoriser les membres de son groupe ethnique au détriment des autres sont des extensions du népotisme. Ils s'expliquent de la même façon par notre héritage biologique et génétique. Troisièmement, les classifications et les sentiments ethniques sont le produit d'une force sous-jacente, voire inconsciente, que constitue la lutte de nos gènes pour leur reproduction.

Aucune de ces trois propositions n'a jamais pu être démontrée, que du contraire. Ainsi, les deux premières d'entre elles supposent notamment que les systèmes humains de classification parentale sont basés sur le degré de parenté biologique entre les parents. Or, les anthropologues ont clairement montré qu'il n'en était rien. En fait, il n'y a pas nécessairement de correspondance entre la parenté biologique et la parenté sociale. Cette constatation vaut, *a fortiori,* pour les classifications ethniques qui, contrairement à ce que prétend van den Berghe, ne s'effectuent pas nécessairement sur la base d'une proximité biologique entre les individus.

La pauvreté de la théorie sociobiologique de l'ethnicité est encore plus criante lorsqu'on se penche sur la question de l'organisation sociale ethnique et en particulier sur la relation entre l'ethnicité et la classe sociale. Pour van den Berghe, l'organisation sociale basée sur les affinités ethniques a une base biologique, naturelle. Dès lors, les groupes sociaux basés sur l'ethnicité sont plus primordiaux que ceux basés sur la classe sociale. Les liens du sang sont plus forts que les liens d'argent. L'organisation sociale basée sur la classe sociale est en effet perçue par van den Berghe comme une simple association de convenance basée sur l'opportunisme égoïste des individus en vue de défendre des intérêts communs circonstanciels. N'étant pas basée sur une solidarité préexistante entre ses membres, la classe sociale se désintégrera lorsque les circonstances changeront et que les individus se découvriront des intérêts différents. En bref, l'organisation sociale basée sur l'ethnicité est stable et forte car elle s'enracine dans la nature humaine, dans la biologie et dans le sang. En revanche, l'organisation sociale basée sur la classe sociale est éphémère et faible précisément parce qu'elle ne peut compter que sur une base sociale. Trivialement exprimé, van den Berghe assure que l'ethnicité est puissante car il s'agit d'une *affaire de sang,* alors que la classe sociale est faible, car il ne s'agit que d'une *affaire d'argent.*

D'un point de vue scientifique, cette optique n'a rien de pertinent. D'un côté, nous venons de rappeler que l'anthropologie a démontré que les liens ethniques ne sont pas des liens de sang. D'un autre côté, il paraît extrêmement simpliste de réduire les liens de classe sociale à une question d'argent.

L'approche de van den Berghe est clairement individualiste dans la mesure où l'explication de l'ethnicité est recherchée dans les caractéristiques des individus. Toutefois, contrairement aux autres théories individualistes, notamment les théories du choix rationnel qui seront présentées plus loin, la sociobiologie insiste sur l'irrationalité de l'ethnicité, caractéristique qui fait du reste sa force sur le plan politique. La mobilisation de l'ethnicité à des fins politiques serait aisée précisément puisqu'il suffirait d'activer des sentiments ethniques préexistants et ancrés dans notre bagage biologique. Ce dernier point permet aussi de souligner le caractère primordialiste de cette théorie.

Par ailleurs, aucune des propositions de la sociobiologie n'est soutenue par des données empiriques sérieuses. Comme l'écrit Richard Thompson (1989), la sociobiologie n'est pas seulement de la mauvaise sociologie, elle est aussi de la mauvaise biologie. Réduire les relations ethniques à des considérations sur la maximisation de l'adaptation du népotisme et de la réciprocité ne fait en rien progresser la connaissance de l'ethnicité. En revanche, ce type de théorie risque d'avoir des implications politiques néfastes en accordant, peut-être involontairement, un crédit pseudo-scientifique à des théories d'inspiration raciale qui sont souvent utilisées avec intelligence par des formations politiques profondément antidémocratiques.

2. Les autres théories primordialistes.

Les pères fondateurs de la sociologie n'accordaient guère d'importance à l'ethnicité. Ils assuraient qu'elle allait disparaître à la faveur des processus d'industrialisation et de modernisation. Les liens ethniques étaient considérés comme des caractéristiques de la société traditionnelle de moins en moins adaptées aux conditions de la modernité. La désastreuse expérience du nazisme et la perpétuation de la ségrégation des descendants des esclaves africains aux Etats-Unis vinrent contredire ce point de vue. Deux des sociétés les plus modernes du monde, l'Allemagne et les Etats-Unis, exhibaient le racisme et la discrimination ethnique comme des modes de gouvernement.

Il s'ensuivit une vive polémique au sujet du caractère obsolète de l'ethnicité dans le monde moderne; laquelle donna lieu à une position diamétralement opposée que l'on peut qualifier de primordialisme. L'approche primordialiste de l'ethnicité est généralement associée aux travaux du sociologue britannique Edward Shils et à ceux de l'anthropologue Clifford Geertz.

Edward Shils fut le premier à utiliser le terme *primordial* dans ses travaux sur les relations familiales. Dans un article intitulé « Primordial, personal, sacred and civil ties » paru en 1957, il énonce que l'attachement aux membres de la famille et aux parents dérive sa force d'une signification ineffable que les individus attribuent aux liens du sang. Dans un langage mystique et spirituel, il suggère que les individus perçoivent les liens du sang comme leurs croyances religieuses, à savoir comme attributs sacrés.

Quant à Clifford Geertz (1973), il reprend en substance cet argument. Il souligne à son tour que les liens primordiaux comme l'ethnicité ont une source naturelle, voire spirituelle et qu'ils ne trouvent pas leur origine dans les relations sociales. Ils sont immuables et indispensables. La caractéristique fondamentale de l'ethnicité selon Geertz, c'est le désir profond qu'ont les individus de n'appartenir à aucun autre groupe que leur groupe ethnique (M. Yinger, 1985). En quelque sorte, des forces innées et instinctives extrêmement contraignantes sont à l'œuvre dans les processus d'identification ethnique et les comportements ethnocentriques. Selon l'expression de Danielle Juteau-Lee (1984), l'ethnicité est, d'un point de vue primordialiste, cette marque indélébile qui engendre naturellement des groupes ethniques. Dans cette optique, on naît ethnique, on ne le devient pas. A certains moments de l'existence, on peut n'être pas conscient des liens indélébiles qui nous lient à d'autres ethniques. Mais le moment viendra toujours où ces liens surgiront à la surface de l'existence de chacun.

Le groupe ethnique est considéré comme une réalité a-historique objective, stable et pratiquement éternelle. Il se caractérise par une culture distinctive authentique qui se transmet de génération en génération. La notion d'héritage culturel est par conséquent centrale. Le groupe ethnique est une réalité ancienne, une survivance du passé dont on peut retracer le passé mythique jusqu'aux ancêtres originaux. Cette histoire faite de transmission culturelle définit l'âme authentique du groupe ethnique et permet de définir l'appartenance véritable.

L'objet d'étude favorisé par le primordialisme est la survie et la persistance des groupes ethniques dont l'existence est menacée par la modernité. L'assimilation est l'ennemi par excellence dans la mesure où elle se traduirait précisément par la dissolution du groupe ethnique dans le reste de la société.

Cela dit, il convient d'aller plus avant dans l'examen de la notion de primordialisme. D'après Jack Eller et Reed Coughlan (1993), elle contient en fait trois idées : l' « apriorisme », l' « ineffabilité » et l' « affectivité ».

Le terme « apriorisme » désigne l'idée selon laquelle l'ethnicité est posée comme un *a priori* et les liens primordiaux donnés. Ils sont *ab origine* et *causa sui* (J. Eller et R. Coughlan, 1993). Tant ces liens que les réalités linguistiques et culturelles qui caractérisent les groupes ethniques préexistent aux interactions sociales dont ils définissent les termes. Le terme « ineffabilité » renvoie au caractère indicible, indescriptible, sublime de l'ethnicité ainsi qu'à son caractère absolu et contraignant. Enfin le terme « affectivité » vise à souligner la dimension sentimentale et émotionnelle de l'ethnicité et des autres liens primordiaux.

Souligner l'aspect affectif et sentimental de l'ethnicité est d'un certain point de vue un apport positif de la réflexion primordialiste dans la mesure où il a souvent été ignoré. Toutefois, les primordialistes semblent associer cette dimension émotionnelle au caractère naturel, irrésistible et immuable de l'ethnicité. Il en découle deux lacunes majeures. En premier lieu, le primordialisme est incapable de proposer une explication de la genèse du phénomène ethnique. En effet, l'ethnicité est exclusivement considérée comme une variable indépendante. Elle permet d'expliquer des phénomènes sociaux et politiques mais elle échappe à toute explication. Certes, cette position est préférable à celle défendue par le primordialisme sociobiologique, mais elle constitue néanmoins une démission des sciences sociales dépassées par le caractère sacré du phénomène ethnique. Or, il est possible et nécessaire de réfléchir à une sociologie, voire à une science politique des émotions. En effet, loin d'être naturels, les émotions et les sentiments sont aussi des constructions sociales et politiques. Progresser dans l'étude des processus présidant à la construction sociale des émotions dans le champ de l'ethnicité serait hautement original et enrichissant.

Par ailleurs, la population d'ascendance mixte d'un point de vue ethnique interroge la position primordialiste. En effet, dans ces cas nombreux, quelle est l'ethnicité qui va être transmise? Les primordialistes ne peuvent répondre à cette question. En effet, la réponse nécessite l'étude des règles de succession qui sont sociales et non naturelles et données.

De plus, le primordialisme se situe surtout aux niveaux micro- et mésosocial en dissociant complètement l'ethnicité de la structure sociale et politique. A nouveau, il s'agit d'une position réductrice qui entrave la compréhension de la complexité de l'ethnicité.

A l'instar de la sociobiologie, le primordialisme risque d'entraîner des implications politiques dommageables. En effet, dans la mesure où l'ethnicité est enracinée dans les mystères de la nature humaine, les conflits ethniques deviennent aussi des « réalités naturelles » contre lesquelles il est très difficile de lutter. Clairement, cette position peut servir d'excuse idéologique aux politiciens qui jouent la carte de l'oppression ethnique.

En conclusion, l'appel à la biologie ou à la nature humaine sur lequel reposent les théories naturalistes de l'ethnicité peut être interprété comme un renoncement des sciences sociales ou plutôt comme un manque de persévérance de certains chercheurs en sciences sociales. Tout se passe comme si, faute de trouver une explication sociologique, ou d'une autre science sociale, à l'émergence et à la force de l'ethnicité, certains chercheurs étaient enclins à penser qu'il doit s'agir là d'un trait « naturel » et inexplicable de l'humanité. De là à cautionner ceux qui seraient à la recherche du gène de l'ethnicité, il n'y a qu'un pas beaucoup plus vite franchi qu'on ne le croit. Ainsi, en enfouissant l'ethnicité dans les abîmes mystérieux de la nature humaine, non seulement la rend-on inintelligible pour les sciences sociales, mais en plus, risque-t-on de légitimer un retour — au demeurant déjà perceptible — aux théories raciales du siècle dernier.

II. — **Les théories sociales**

Les théories sociales de l'ethnicité examinent principalement les facteurs sociaux permettant d'expliquer les phénomènes ethniques. Toutes considèrent, à des degrés divers selon la théorie envisagée, que l'ethnicité est flexible et variable dans la mesure où elle est le fruit de processus sociaux et politiques et non pas des aspects biologiques et génétiques de l'humanité. Au-delà de ces points communs, les théories sociales de l'ethnicité se différencient sous divers angles. Elles peuvent par conséquent faire l'objet de classifications différentes en fonction des critères retenus.

On peut tout d'abord distinguer les théories « objectivistes » et les théories « subjectivistes » de l'ethnicité. Les premières mettent l'accent sur les aspects objectifs de l'ethnicité tels qu'ils se manifestent dans le fonctionnement des structures sociales et politiques et par le contenu culturel spécifique à chaque groupe ethnique. Au contraire, d'autres théories insistent plutôt sur la dimension subjective de l'ethnicité en mettant en lumière les facteurs permettant d'expliquer le sentiment d'appartenance ou l'identification individuelle au groupe ethnique. On peut, par ailleurs, distinguer les théories « rationalistes » de l'ethnicité et celles qui la traitent exclusivement comme un attachement purement irrationnel et émotionnel à un groupe ethnique donné. Pour les premières, l'ethnicité peut être une ressource, une arme, un instrument que les acteurs sociaux utilisent de façon rationnelle dans leurs stratégies sociales et politiques (P. Eisinger, 1978). Pour les secondes, l'ethnicité échappe totalement au calcul et aux stratégies individuelles. Elle constitue plutôt une force qui s'impose à la conscience de chacun. On peut aussi distinguer les théories statiques et les théories dynamiques de l'ethnicité. Les premières s'intéressent à son fonctionnement à une époque donnée et en un endroit donné. Les secondes s'efforcent plutôt d'expliquer le changement de l'ethnicité selon le contexte et selon le lieu. D'autres critères de classification pourraient encore être retenus. On pourrait par exemple distinguer les théories individualistes et les théories collectivistes ou structurelles. On pourrait enfin opposer les théories microsociologiques aux théories macrosociologiques.

Quoi qu'il en soit, puisqu'il faut bien choisir un

mode de présentation des différents efforts théoriques déployés pour expliquer l'ethnicité, deux grands groupes de théories sociales de l'ethnicité seront distingués dans ce chapitre, à savoir les théories « substantialistes » et les théories non « substantialistes ». Comme on le verra, les premières examinent principalement le contenu culturel de l'ethnicité tandis que les secondes étudient les dimensions identitaires du phénomène ethnique. S'inscrivant dans cette seconde perspective, l'œuvre de l'anthropologue norvégien Fredrik Barth constitue sans aucun doute une rupture dans l'étude anthropologique, mais aussi historique et sociologique, de l'ethnicité. Avant son fameux *Ethnic Groups and Boundaries*, les sciences sociales pensaient l'ethnicité en termes de groupes humains différents caractérisés par une histoire et une culture propres. Barth suggère de plutôt s'interroger sur ce qui est requis pour que des distinctions ethniques émergent dans une aire donnée. Pour lui, la substance culturelle de l'ethnicité est secondaire par rapport à l'établissement des frontières ethniques entre les groupes. Il a en quelque sorte été parmi les premiers chercheurs à proposer une approche non substantialiste l'ethnicité. Il mérite à ce titre une place particulière dans ce chapitre.

Cela dit, la distinction proposée rejoint dans une large mesure celle opérée plus haut entre les théories « objectivistes » et les théories « subjectivistes ». Du reste, aucun des critères de classification pris en compte ne permettrait d'opérer un classement rigide des différentes théories de l'ethnicité. Les catégories établies se recoupent en effet souvent et différents aspects d'une même théorie permettraient parfois de la ranger dans plusieurs catégories à la fois. Enfin, les théories d'inspiration marxiste seront présentées à part dans un souci de clarté. Elles auraient toutefois aussi pu trouver place dans les deux grands groupes de théories de l'ethnicité distingués.

1. **Les théories substantialistes.** — Traditionnellement, l'étude des phénomènes ethniques a longtemps reposé sur une conception exclusivement substantialiste de l'ethnicité. Lorsqu'il était utilisé, ce dernier terme se référait, en effet, à un contenu culturel distinctif qui était supposé caractériser les différents sous-ensembles humains vivant au cœur de la nation. En fait, les travaux traditionnels sur l'ethnicité se construisaient sur les deux prémisses suivantes. En premier lieu, les groupes ethniques étaient considérés comme des entités humaines relativement stables et caractérisées par une substance culturelle spécifique. En second lieu, l'objet prioritaire d'étude devait être, soit la survie et la persistance de ces groupes dans la société, soit au contraire, leur disparition ou leur dissolution. La réflexion sur l'ethnicité telle qu'elle s'est d'abord développée aux Etats-Unis est historiquement une réflexion sur la reproduction et le changement culturels. Dans cette perspective, une approche isolationniste a vu le jour. Elle consistait à étudier les particularités culturelles de chaque groupe ethnique, à savoir ses pratiques culturelles observables, sa culture matérielle, son authenticité et la façon dont son héritage culturel se manifestait dans la société américaine (W. Sollors, 1986). Ainsi, les théories substantialistes de l'ethnicité sont en réalité des avatars du culturalisme.

Par ailleurs, les Etats-Unis se sont toujours considérés comme un pays neuf et comme une terre d'immigration par excellence. L'esclavage et le génocide ont, pour leur part, été largement refoulés par l'imaginaire national américain, cela jusqu'à une période récente. Contrairement à la plupart des sociétés européennes où la nation est perçue comme le résultat d'un cheminement historique ancien que le phénomène migratoire a récemment perturbé, l'histoire de nation américaine est identifiée à l'épopée migratoire vers ce pays. Dans ces conditions, la pensée sur l'ethnicité a historiquement traduit la réflexion sur la formation et le devenir de la nation américaine. Par conséquent, l'étude de l'ethnicité a toujours eu pour objectif de décrire les phénomènes sociaux résultant des vagues massives d'immigration à destination d'un pays qui se percevait comme neuf. De plus, elle a simultanément visé à formuler, à présenter et à défendre des projets viables quant à la construction de la nouvelle nation américaine.

Dès lors, il a toujours été très ardu de distinguer, d'une part, les questions académiques et scientifiques et d'autre part, les questions idéologiques et politiques dans les débats sur l'ethnicité aux Etats-Unis (P. Kivisto, 1989). Un problème analogue s'est par ailleurs aussi posé lorsque les phénomènes ethniques ont commencé à attirer l'attention dans d'autres pays. Cette confusion permanente s'est notamment traduite par un manque de clarté théorique exprimé par la diversité des expressions et des métaphores utilisées pour décrire la réalité ethnique de la société américaine. A titre d'exemples, la société américaine a ainsi été imagée comme un *melting pot,* un *transmuting pot,* une *ethnic mosaic,* une *ethnic tapestry,* un *symphonic orchestra* ou encore un *salad bowl.*

Ces différentes expressions sont toutes liées d'une façon ou d'une autre aux deux paradigmes qui ont dominé la réflexion sur l'ethnicité aux Etats-Unis jusqu'à la moitié des années quatre-vingt, à savoir l'assimilationnisme et le pluralisme culturel. Le développement des études ethniques a ainsi été rythmé par l'évolution de la controverse entre ces deux écoles de pensée qui sont aussi deux camps idéologiques. De plus, cette dispute a pénétré toutes les disciplines sociales et tout le monde intellectuel américain.

Tant pour le camp assimilationniste que pour le camp pluraliste, il serait extrêmement réducteur de parler de théorie au singulier. Toutefois, dans la mesure où il n'est pas possible dans cet ouvrage de présenter toutes les théories classées dans chacun d'entre eux, il faudra maintenant se borner à présenter l'essence des pensées assimilationniste et pluraliste en ce qui concerne l'ethnicité.

A) *L'ethnicité dans le paradigme assimilationniste.* — Le paradigme assimilationniste a abrité de nombreuses théories et de nombreuses approches idéologiques de l'ethnicité et de la nation américaine. Toutefois, toutes ces constructions intellectuelles participent d'une position commune quant à la place de l'ethnicité dans la société industrielle et quant au devenir de la nation américaine. Dans la réflexion assimilationniste, les différences culturelles entre les groupes ethniques issus des diverses vagues migratoires sont perçues comme des archaïsmes caractéristiques des sociétés d'origine des migrants. Elles se transmettront aux générations suivantes de façon de plus en plus diluée pour finalement disparaître dans la société moderne. Ainsi, contrairement à ce que de nombreux auteurs semblent penser, la position assimilationniste qui a longtemps dominé le débat sur l'ethnicité et sur la nation aux Etats-Unis, ne considère pas du tout celle-ci comme une ensemble de groupes ethniques juxtaposés, mais bien comme un ensemble d'individus, d'immigrés, qui auront progressivement abandonné la culture de leur pays d'origine pour se fondre dans la société américaine. L'assimilationnisme repose donc clairement sur des valeurs universalistes et individualistes.

Dans ce cadre général, deux positions idéologiques majeures correspondant à deux projets de société peuvent être distinguées dans la réflexion assimilationniste. En premier lieu, la disparition attendue de l'ethnicité des immigrés est liée à une notion romantique de la nation américaine perçue comme un gigantesque chaudron (un *melting pot*) qui devait broyer toutes les différences culturelles et créer un homme neuf. En d'autres mots, comme l'exprimait Hector John de Crèvecœur, un migrant français établi à New York, en 1782, du mélange entre des individus les plus divers en ce qui concerne tant les caractéristiques biologiques que culturelles, devait émerger une nouvelle espèce, l'homme américain. Remarquons d'emblée que les esclaves noirs de l'époque n'étaient pas invités à se jeter dans le chaudron américain (V. Parrillo, 1994). En second lieu, une approche alternative de l'assimilation était celle de la conformité des nouveaux arrivants au modèle anglo-saxon dominant. En effet, les descendants des immigrés anglo-saxons et protestants détenaient les rênes du pouvoir économique, politique et culturel. Ils ont longtemps gardé le monopole de la définition de ce que la nation américaine devait être et exigé des autres immigrés une assimilation à cette conception anglo-saxonne de la société américaine. Dès lors, il n'est ici pas opportun de parler de *melting pot* mais plutôt de *transmuting pot* qui consistait à transformer tous les migrants en Anglo-Saxons protestants (les WASP). A nouveau, ce projet ne concernait absolument pas les esclaves d'origine africaine.

Au niveau de la théorie sociologique, l'assimilationnisme trouve son origine dans les travaux de l'Ecole de Chicago dès les années vingt[1]. Dans un ouvrage publié en 1921, Robert Ezra Park et Ernest Burgess donnèrent une définition du terme d'assimilation. Ce n'est toutefois qu'en 1950 que le premier de ces auteurs présenta sa thèse du *cycle des relations raciales*. Park était convaincu que les forces de changement dans les sociétés modernes tendent à disqualifier les divisions basées

---

1. Sur l'Ecole de Chicago et son importance pour l'étude des relations ethniques et raciales, le lecteur pourra consulter l'ouvrage de Pierre Coulon paru dans cette même collection (*L'Ecole de Chicago,* Paris, PUF, « Que sais-je? », n° 2639, 1992).

sur les critères de langue, de « race », de religion ou de culture (C. Hirschman, 1983). Les institutions politiques démocratiques et l'organisation industrielle de la société nécessitaient un recrutement des individus sur la base exclusive de leur mérite et non pas sur la base de leur origine ethnique. La dimension ethnique allait, selon Park, perdre toute pertinence dans la société industrielle. Park décompose ce cycle des relations raciales en quatre étapes successives devant conduire à l'assimilation des groupes minoritaires. Le contact (première étape) entre groupes ethniques favorise l'essor de divisions et d'antagonismes dus à la compétition qui s'établit entre eux (seconde étape). Toutefois, ils s'estompent peu à peu au cours de la troisième étape, dite d'accommodation, pour disparaître totalement au stade de l'assimilation. Dans l'optique de Park, l'assimilation relève ainsi d'un processus inévitable, irréversible et unidirectionnel. Dans la foulée de ces travaux, l'économiste d'origine suédoise Gunnar Myrdal mettra plus tard en évidence le dilemme que représente pour la société blanche, la contradiction existant entre l'idéal américain d'égalité des individus et les pratiques observables de la discrimination raciale à l'encontre des minorités raciales. Toutefois, Myrdal affirme aussi le caractère inéluctable de l'assimilation dans la mesure où elle est une exigence de l'organisation économique de la société industrielle qui pourra être favorisée par le processus politique démocratique (M. Martiniello, 1992). Quant à Milton Gordon, dans son ouvrage *Assimilation in American Life* publié en 1964, il dégage sept types d'assimilation. L'*assimilation culturelle* (ou acculturation) désigne l'adaptation culturelle des nouveaux arrivants au modèle de la société d'accueil. L'*assimilation structurelle* concerne leur pénétration dans les institutions et les réseaux sociaux de la société d'accueil. L'*assimilation maritale* désigne la phase des mariages mixtes de masse entre membres des groupes minoritaires et membres du groupe majoritaire. Lorsque le nouvel arrivant aura abandonné son sentiment d'appartenance à son ancienne société pour ne se sentir membre que de sa nouvelle société, on parlera d'*assimilation identificationnelle*. Les trois derniers types d'assimilation concernent la disparition de préjugés à l'égard du nouveau venu, la disparition de comportements discriminatoires à son égard et la disparition de conflits de valeurs et de pouvoir entre les groupes minoritaires et le groupe majoritaire. Selon Gordon, lorsque l'assimilation structurelle s'est produite suite à l'assimilation culturelle ou simultanément à celle-ci, les autres types d'assimilation suivront naturellement.

Quel qu'en soit l'avatar, le paradigme assimilationniste a été l'objet de nombreuses critiques. Une première critique porte sur le caractère peu vérifiable des théories assimilationnistes. Une seconde critique concerne le simplisme de ces constructions théoriques qui témoignent d'une vision romantique de la nation américaine. Une troisième critique porte sur leur caractère partiel. En effet, il a été souligné que dès l'origine, elles excluaient la population noire. Par ailleurs, la proposition selon laquelle l'assimilation, qu'elle soit lente ou rapide, est un processus unidirectionnel et irréversible, a été mise à mal par l'hypothèse du « nationalisme de la troisième génération » de Marcus Lee Hansen (V. Parrillo, 1994). Selon lui, s'il est correct de remarquer que les immigrés de la seconde génération tendent à s'adapter culturellement à la société dominante, on remarque aussi un retour à la culture d'origine de la part de la troisième génération.

En dépit de ces critiques, le paradigme assimilationniste a été largement dominant jusqu'à la fin des années soixante, lorsque du pluralisme culturel, a émergé une contestation idéologique et théorique qui se voulait un renouvellement du paradigme pluraliste traditionnel. Ce dernier va maintenant être brièvement présenté.

B) *L'ethnicité dans le paradigme traditionnel du pluralisme culturel.* — La position dominante de l'assimilationnisme dans la réflexion sur l'ethnicité et la nation aux Etats-Unis jusqu'à une époque récente ne doit pas occulter l'ancienneté de l'existence d'une position pluraliste, certes minoritaire, mais néanmoins importante.

De l'avis général, le philosophe Horace Kallen est le premier défenseur significatif du pluralisme culturel. Dans son ouvrage *Democracy Versus the Melting Pot* publié en 1915, Kallen rejette en bloc le paradigme assimilationniste qui ne correspond pas, selon lui, à l'évolution observable de la société américaine. D'après Kallen, chaque groupe ethnique a tendance à préserver sa langue, sa culture et ses institutions. De plus, la nature même de la démocratie leur octroie le droit de le faire. Ainsi, contrairement aux assimilationnistes, Kallen considérait que la subsistance d'une différenciation ethnique était un des traits caractéristiques fondamentaux de la société américaine (M. Martiniello, 1992). Selon lui, la formation de la nation américaine résulte de la juxtaposition harmonieuse de strates successives de groupes minoritaires et non pas d'une quelconque fusion de divers groupes ethniques. Certes, les immigrés apprennent aussi l'anglais et ils participent aux institutions de la vie américaine, mais cela ne les empêche pas de préserver leur spécificité. L'expérience américaine est ainsi en quelque sorte celle d'une coopération entre des groupes ethniques porteurs de cultures différentes. En bref, la position pluraliste traditionnelle prétend que les groupes ethniques peuvent à la fois maintenir leur culture et participer à la vie de la société dans son ensemble.

Ce paradigme du pluralisme culturel traditionnel n'a pas été capable de proposer une théorie sociologique en mesure de concurrencer sérieusement le paradigme assimilationniste. Il a fallu attendre la fin des années soixante pour qu'un pluralisme culturel renouvelé s'inscrive dans le débat sociologique et politique. Ce courant qui sera examiné plus tard utilise une conception bien différente de l'ethnicité dans laquelle les notions de différence et de contenu culturels occupent une position bien moins importante.

Sur le plan scientifique, son émergence aurait probablement été impossible sans l'apport décisif de l'anthropologue norvégien Fredrik Barth. Dans les années soixante, il allait en effet jeter les bases d'une approche renouvelée de l'ethnicité en termes d'identité et de frontières ethniques et rompre avec les théories substantialistes, qu'elles soient assimilationnistes ou pluralistes.

2. **La théorie des frontières ethniques de Fredrik Barth.** — Dans l'anthropologie d'expression anglaise, l'œuvre de Fredrik Barth est généralement considérée comme le point de rupture majeur dans l'étude de l'ethnicité. Son introduction au livre collectif qu'il a dirigé et publié en 1969, *Ethnic Groups and Boundaries*[1] va en effet révolutionner le champ de l'étude de l'ethnicité d'abord en anthropologie, puis progessivement dans d'autres sciences sociales. En effet, la réflexion de Barth va notamment exercer une influence considérable sur les sociologues et dans une moindre mesure, sur les politologues américains de l'ethnicité. Barth est un auteur prolifique dont l'immense production intellectuelle ne peut évidemment pas être présentée dans cet ouvrage. L'objectif de ce paragraphe est plus modestement de montrer en quoi son approche peut être considérée comme un apport fondamental et novateur à l'étude de l'ethnicité.

L'œuvre de Barth peut à juste titre être considérée comme une des premières réfutations systématiques, cohérentes et convaincantes des théories primordialistes et substantialistes de l'ethnicité qui prévalaient auparavant.

L'auteur norvégien va amener l'anthroplogie à s'éloigner de son intérêt exclusif pour l'étude du

---

1. A notre connaissance, il s'agit d'un des seuls textes de Barth à ce jour traduit en français et publié dans un ouvrage récent de Jocelyne Streiff-Fénart et Philippe Poutignat (1995).

contenu des cultures ethniques, afin de mettre l'accent sur une analyse plus écologique et plus structurelle de l'ethnicité. Ce faisant, Barth est à l'origne d'une réorientation fondamentale du projet de l'anthropologie de l'ethnicité.

Son approche développée dans l'introduction à *Ethnic Groups and Boundaries* peut être cernée et synthétisée en sept points principaux, qui de l'avis de l'auteur, n'ont pas subi l'épreuve du temps (F. Barth, *in* H. Vermeulen et C. Govers, 1995). Il est en premier lieu intéressant de remarquer que Barth a été largement influencé d'une part, par la théorie des groupes corporatifs issue de l'anthropologie sociale britannique, et d'autre part, par les travaux du sociologue interactionniste américain Erving Goffman. En ce qui concerne en second lieu la démarche méthodologique, les études empiriques de Barth se centrent sur les individus qui changent d'identité ethnique afin de comprendre les processus menant à la reproduction des groupes ethniques. En troisième lieu, Barth développe l'idée selon laquelle les identités et les groupes ethniques sont des questions d'organisation sociale et non pas de contenu culturel. Les groupes ethniques sont à ses yeux des vaisseaux dont le contenu culturel qu'ils transportent peut varier d'un système socioculturel à l'autre (F. Barth, 1969). La culture n'est pas une donnée. Elle n'est pas stable. Elle est toujours en flux. Elle recèle souvent des contradictions et des incohérences. De plus, elle affecte de façon différente les individus qui s'en réclament. Ainsi, la culture ne doit pas être considérée comme un élément de définition des groupes ethniques mais plutôt comme une conséquence ou une implication de l'établissement et de la reproduction des frontières entre les groupes ethniques. Par conséquent, l'étude de l'ethnicité doit porter principalement sur ces processus d'établissement, de maintien et de disparition des frontières ethniques et sur le recrutement des membres des groupes ethniques. Les frontières dont parle Barth ne sont pas physiques mais plutôt sociales et symboliques. Il faut donc, pour reprendre sa métaphore, analyser comment des vaisseaux différents les uns des autres sont construits et pas ce qu'ils transportent. En quatrième lieu, l'approche de Barth fait clairement apparaître que les identités ethniques sont liées à la situation sociale qui leur donne naissance. Elles ne sont en rien des réalités primordiales. De plus, l'appartenance à un groupe ethnique étant une question d'identité, elle dépend en cinquième lieu de processus d'imputation et d'auto-imputation ethniques. C'est dans la mesure où le groupe ethnique reconnaît l'individu comme un de ses membres et que celui-ci a le sentiment d'appartenir au groupe ethnique que son ethnicité va se traduire par une singularité caractéristique du groupe en termes d'organisation sociale. En sixième lieu, les individus manipulent toute une série de marqueurs symboliques pour tracer les frontières entre leur groupe ethnique et les autres. Le chercheur devra s'acharner à les déchiffrer dans la mesure où ils constituent les seules différences culturelles significatives. Enfin, l'étude de l'ethnicité ne doit pas oublier de mettre en lumière le rôle des leaders ethniques dans la mobilisation de leur groupe. Ceux-ci peuvent poursuivre des objectifs politiques propres qui n'ont souvent rien à voir avec la volonté et la culture populaires.

La théorie de l'ethnicité de Barth peut malgré son apport fondamental, être l'objet de différentes critiques. Cela prouve d'une certaine façon son statut scientifique. L'anthropologie de Barth se focalise sur les interactions sociales et plus particulièrement sur les processus ethniques interpersonnels qui impliquent donc des acteurs individuels. Cette démarche permet des avancées significatives dans la connaissance de l'ethnicité, mais elle soulève aussi des problèmes et elle met en évidence des lacunes. Le premier problème que rencontre souvent cette perspective est le manque de profondeur historique. Ni Barth ni d'autres anthropologues qui s'inspirent de ses travaux ne montrent de façon satisfaisante comment les distinctions ethniques émergent dans une ère donnée, comment des groupes homogènes en viennent à se séparer. Un second problème de l'approche anthropologique de Barth est que, étant centrée sur les relations interindividuelles et sur l'acteur individuel, elle omet parfois de prendre en compte les contraintes structurelles et autres, par exemple le rôle de l'Etat, qui constituent autant de limites au choix individuel des acteurs sociaux, notamment en matière d'identité ethnique. Un troisième problème provient de l'insistance de l'auteur sur l'importance de la négociation interindividuelle et intergroupale au sujet de l'ethnicité. Cela pourrait masquer le différentiel de pouvoir — politique ou économique — qui se manifeste souvent entre les groupes ethniques en contact, ou entre certains de ces groupes et l'Etat, et qui rend difficile de parler de négociation au sens strict entre ces différents acteurs collectifs.

Dans un article récent (F. Barth, *in* H. Vermeulen et C. Govers, 1994), Barth s'est efforcé d'actualiser sa position présentée il y a plus de vingt-cinq ans dans *Ethnic Groups and Boundaries* et de résoudre certains problèmes qu'elle posait. Il a notamment reconnu avoir négligé, à tort, le rôle de l'Etat dans ses travaux. Il a aussi souligné la nécessité d'étudier l'ethnicité aux trois niveaux mentionnés au chapitre II et de dépasser le niveau de l'interaction individuelle auquel il se situait dans *Ethnic Groups and Boundaries*. Barth a aussi réaffirmé l'importance d'une étude de l'expérience des individus dans les différents contextes sociaux. Selon lui, seul ce type d'analyse du vécu des acteurs peut rendre compte des changements d'identités ethniques et montrer le caractère construit de l'ethnicité. Enfin, il a réaffirmé avec force son approche

« déconstructrice » de la culture qui en avait en quelque sorte fait, dans les années soixante, un penseur postmoderne avant la lettre.

Après avoir présenté la première approche non substantialiste importante de l'ethnicité, d'autres théories peuvent maintenant être abordées. La plupart d'entre elles prennent, d'une façon ou d'une autre, l'œuvre de Barth comme référence.

3. **Les autres théories non substantialistes.** — Parmi les autres théories non substantialistes de l'ethnicité, il convient de distinguer la théorie instrumentaliste de la « nouvelle ethnicité », les théories du choix rationnel, la théorie constructiviste de la compétition ethnique et les nouvelles théories américaines qui mettent l'accent sur les dimensions symboliques du phénomène et sur la recomposition du paysage ethnique dans la société américaine contemporaine.

A) *Le renouveau du pluralisme culturel : l'approche instrumentaliste de la « nouvelle ethnicité ».* — Durant les années soixante et soixante-dix, les Etats-Unis et le monde entier furent ébranlés par une série de phénomènes sociaux et politiques qui d'une part, soulignaient les limites, voire la faillite, de la pensée assimilationniste et qui d'autre part, mettaient tout autant en difficulté la pensée pluraliste traditionnelle.

Aux Etats-Unis, des émeutes à caractère racial explosèrent dans des ghettos noirs des grandes villes dès le début des années soixante. Au même moment, le mouvement pour les droits civiques prenait une ampleur nationale, traduisant le désir de citoyenneté des Noirs jusqu'alors exclus de la vie politique américaine. Même les descendants des immigrés européens, entraînés dans le sillage des Noirs, commencèrent à remettre en exergue une prétendue spécificité ethnique. Dans plusieurs pays d'Europe, le début des années soixante-dix vit un regain de mouvements régionalistes et localistes. Ainsi, la France, archétype par excellence de la société assimilationniste, connut une floraison de mouvements bretons, occitans et autres, revendiquant des égards particuliers et une reconnaissance culturelle. De nombreux pays du tiers-monde, enfin, étaient entrés dans un processus de décolonisation et de libération nationale reposant souvent sur des idéologies nationalistes.

Dans le cas américain, les événements des années soixante mettaient en évidence le fait que, contrairement à ce que prétendaient les assimilationnistes, la différenciation ethnique et raciale était loin d'avoir disparu. L'analyse des quatre indicateurs clés de l'assimilation donnait une image très nuancée de l'évolution du processus (C. Hirschman, 1983). L'inégalité socio-économique, d'abord, était toujours bel et bien présente. Les Noirs et les Hispaniques continuaient d'occuper des positions économiques désavantageuses, tant par rapport aux WASP que par rapport aux descendants des autres immigrés européens. La ségrégation résidentielle et scolaire entre Noirs et Blancs ensuite, persistait à travers tout le pays alors que celle entre les descendants des Européens et les WASP disparaissait. Les mariages interethniques, quant à eux, devenaient de plus en plus nombreux entre les Blancs, tout en restant exceptionnels entre des Blancs et des Noirs. Enfin, les préjugés raciaux à l'encontre des Noirs demeuraient d'actualité. En conclusion, si un degré très significatif d'assimilation avait été atteint par les descendants des immigrés européens, les Noirs continuaient largement à souffrir d'exclusion sociale, économique, politique et culturelle. Par ailleurs, même les descendants des Européens, dont l'acculturation était presque totale, revendiquaient, contre toute attente, une ethnicité particulière.

Dès lors, la pensée pluraliste commença à se développer inspirée notamment par Nathan Glazer et Daniel Patrick Moynihan. Elle chercha à expliquer ce que signifiaient toutes ces revendications à la différence, à l'authenticité, à l'indépendance, à l'autonomie, à l'autodétermination et à l'autosuffisance qu'exprimaient toutes sortes de minorités ethniques et raciales aux quatre coins du monde.

Ce développement de la pensée pluraliste se traduisit par le retour d'une approche pluraliste traditionnelle de type primordialiste axée sur le caractère indestructible des identités ethniques, ces dernières semblant résister même à l'assimilation culturelle objective. Ce point de vue fut notamment défendu par Michael Novak dans un livre intitulé *The Rise of Unmeltable Ethnics* publié en 1971.

De façon plus importante pour les sciences sociales, l'émergence du paradigme pluraliste procéda par ailleurs d'une interrogation profonde sur la nature même de l'ethnicité. L'ethnicité qui paraissait resurgir violemment semblait, en effet, bien différente des liens primordiaux traditionnels. Il s'agissait d'un phénomène identitaire neuf favorisant l'émergence de nouveaux acteurs politiques. Ainsi, selon Daniel Bell (*in* N. Glazer et D. P. Moynihan, 1976), cette « nouvelle ethnicité » devait être comprise comme un choix identitaire stratégique de la part d'individus qui, dans d'autres circonstances, pouvaient choisir une autre affiliation pour gagner du pouvoir, par exemple, la classe sociale ou la religion. Il s'agissait d'une idée politique, d'un principe mobilisateur et absolument pas d'un attribut naturel de l'homme. S'agissant d'une réalité nouvelle, Glazer et Moynihan soulignèrent la nécessité d'utiliser un mot neuf pour en parler. Ils décidèrent précisément d'avoir recours au terme ethnicité bien peu utilisé auparavant.

La « nouvelle ethnicité » est donc considérée non pas comme un résidu de l'histoire mais comme une option stratégique particulièrement appropriée aux exigences de la mobilisation sociale et politique dans la société moderne. Si les individus se mettent à la recherche sentimentale de leurs racines, de leur histoire, s'ils mettent en évidence une identité ethnique particulière, ce n'est pas gratuitement. En effet, l'ascension de cette « nouvelle ethnicité » est liée à l'élargissement des fonctions de l'Etat et à la nécessité de s'organiser selon des critères ethniques pour profiter des ressources distribuées par l'Etat dans le cadre de ses nouvelles compétences.

Cette approche instrumentaliste et *optionaliste* de la « nouvelle ethnicité », dans la mesure où elle dissocie l'identité ethnique et la substance culturelle, permet de rendre compte des mouvements d'affirmation ethnique de groupes culturellement, économiquement et socialement assimilés à l'instar des descendants des immigrés européens aux Etats-Unis. Toutefois, le caractère optionnel de la « nouvelle ethnicité » ne semble pas s'appliquer aux minorités raciales, Noirs et Hispaniques, qui, quel que soit leur degré d'assimilation culturelle, subissent encore une discrimination et une exclusion socio-économiques manifestes. Pour elles, l'identité ethnique est moins une question de choix qu'une imposition de la part de la société. En termes stratégiques, leurs opportunités sont largement limitées par leur appartenance raciale.

En d'autres mots, il semble incontestable que pour ce qui concerne les descendants des immigrés européens, la nature de l'ethnicité a profondément changé au cours des cinquante dernières années. Elle n'est plus tellement un axe de stratification socio-économique et de ségrégation institutionnelle mais plutôt une identité symbolique et optionnelle. Au contraire, l'ethnicité des minorités raciales n'a pas connu ce même changement. Leur position sociale et économique est toujours largement déterminée par leur appartenance ethnique, quels que soient leurs choix identitaires.

Enfin, les défenseurs du pluralisme culturel n'ont pas sérieusement posé la question de savoir si ces nouvelles formes d'ethnicité s'inscrivaient dans une étape vers l'assimilation ou si, au contraire, elles formaient la base d'une différenciation ethnique plus stable dans la société américaine.

Cela dit, cette approche a à tout le moins le mérite de souligner que l'ethnicité n'est pas une réalité primordiale et ineffable, mais qu'elle peut évoluer en fonction des circonstances et dans une certaine mesure, du choix des individus. L'importance du choix individuel dans les dynamiques de l'identification et de la mobilisation ethniques est précisément au cœur des théories qui vont maintenant être examinées.

B) *Les théories du choix rationnel.* — Durant les trente dernières années, une certaine forme d'impérialisme de la pensée économique et de l'utilitarisme s'est peu à peu imposée dans les sciences sociales. Ainsi, la sociologie et la science politique ont été envahies par des formes plus ou moins élaborées de la problématique coûts-avantages empruntée à la science économique. La théorie du choix rationnel est certainement l'une d'entre elles. Issue de la réflexion et de l'analyse micro-économiques, elle a peu à peu pénétré les autres sciences sociales à mesure que l'individualisme comme valeur progressait dans les sociétés occidentales. Elle repose en fait sur deux postulats relativement simples qui sont supposés fournir la clé de tous les comportements humains. Le premier d'entre eux affirme que les individus agissent toujours de façon à maximiser le bénéfice net découlant de leurs actions. Autrement dit, ils pèsent les coûts et les avantages escomptés de leur futur comportement et ils ne décident d'agir que lorsque la balance est significativement positive. Quant au second présupposé, il postule que les actions posées par un individu à un moment donné influencent et restreignent les possibilités entre lesquelles il aura à choisir pour poser ses actions ultérieures. De plus, cette théorie suppose que les désirs et les buts qui caractérisent les individus ne peuvent pas tous être satisfaits dans la mesure où nous vivons dans un monde fait de rareté des ressources disponibles.

Les théories du choix rationnel développées sur la base de ces deux postulats ont donné lieu à un intense débat théorique au cours des trois dernières décennies. Toutefois, à l'instar des sciences sociales prises globalement, l'étude de l'ethnicité et des relations ethniques a été marquée par ce genre de théorie. Leur introduction dans le domaine de l'étude de l'ethnicité doit beaucoup aux travaux du sociologue anglais Michael Banton.

Dans son œuvre, Michael Banton affirme la primauté théorique de l'acteur individuel sur les groupes ethniques. Aucune supposition n'est faite quant à l'existence de ces derniers. Le schéma théorique repose sur la reconnaissance de la centralité de l'action et de l'acteur individuels. Ce dernier se caractérise généralement par un désir d'appartenance et de vie sociale qui se manifeste par une demande d'identité. En dépit de la situation de rareté dans laquelle il vit, plusieurs possibilités identitaires s'offrent à lui. Il peut notamment s'identifier à une classe sociale, à un sexe, à une nation, à un groupe ethnique, etc. L'identité ethnique, à l'instar des autres types d'identité disponibles, est une question de choix rationnel accompli par l'individu. Elle fait partie de l'éventail des identités disponibles parmi lesquelles il effectue un choix rationnel en fonction des caractéristiques du moment. Ainsi, l'individu peut à certaines périodes choisir une identité ethnique et des rôles sociaux associés à ce choix en raison du profit escompté de cette décision. En revanche, il peut, à d'autres moments, plutôt choisir une identité de classe lorsque le calcul qu'il effectue l'autorise à penser qu'il pourra en tirer un plus grand avantage comparatif.

Selon Banton, l'étude de l'ethnicité, qu'elle soit effectuée au niveau micro-, méso- ou macrosocial, peut être réduite à l'examen de l'évolution des choix rationnels qu'effectue l'individu en ce qui concerne une identité ethnique. Cette dernière peut être saillante ou disparaître en fonction des résultats des calculs individuels successifs. Lorsque plusieurs acteurs effectueront un choix en faveur d'une même identité ethnique, il en résultera la création d'un groupe ethnique. Autrement dit, le groupe ethnique est le fruit de la juxtaposition de choix identitaires individuels basés sur un calcul de type économique. Par conséquent, tant l'importance de l'ethnicité au niveau social que la création, le maintien et la dissolution des groupes ethniques s'expliquent par le choix rationnel. La théorie de Banton a ainsi l'ambition de se situer aux trois niveaux de l'ethnicité, dont les deux derniers (méso- et macro-), selon le sociologue britannique, dépendent entièrement du premier (micro-).

La théorie du choix rationnel appliquée au champ des relations ethniques par Banton peut être résumée par les trois traits suivants. Premièrement, les individus peuvent utiliser les différences physiques et culturelles afin de créer des groupes et des catégories sociales. Ce faisant, ils mettent en œuvre des processus d'inclusion et d'exclusion. Deuxièmement, les processus ethniques, utilisant la différence culturelle, résultent de mécanismes plutôt inclusifs tandis que les catégories raciales, utilisant la différence physique, résultent de mécanismes exclusifs. Troisièmement, lorsque les groupes sont en interaction, leurs frontières subissent des changements partiellement déterminés par la forme et l'intensité de la compétition qui se fait jour entre eux. Plus précisément, lorsque des individus sont en compétition, les frontières qui définissent les groupes tendent à se dissoudre. Au contraire, lorsque les groupes sont en compétition, les frontières entre eux se renforcent. Cette constatation vaut pour les groupes fondés sur une identité ethnique mais aussi pour les autres types de groupes sociaux. Selon Banton, la création, le maintien et la reproduction des groupes ethniques doit s'expliquer de la même façon que les autres groupes sociaux, à savoir en se reportant au calcul rationnel individuel qui fonde l'action humaine.

La théorie de l'ethnicité de Banton appelle globalement les mêmes critiques que la théorie du choix rationnel dans son ensemble. Bornons-nous ici à en souligner deux. La première concerne les limites du choix rationnel d'une identité ethnique. En effet, tous les individus n'ont pas la même liberté de choisir ou non une identité ethnique. Quel que soit par exemple le choix identitaire d'un Noir dans la société américaine, il sera la plupart du temps socialement perçu comme un Noir. Par ailleurs, les opportunités de choix entre différentes identités ethniques sont plus ou moins limitées. Elles peuvent parfois être si limitées que tout choix en vient en fait à disparaître. Ainsi, le Noir américain n'a-t-il pas le choix de renoncer à une identité ethnique tant sa position sociale est déterminée par sa couleur de peau. De plus, il n'a guère le choix entre plusieurs identités ethniques. Sa faiblesse économique et politique l'oblige souvent à faire sienne l'identité que lui impute la société majoritaire.

Une seconde lacune de la théorie du choix rationnel, en général, et dans le domaine de l'ethnicité en particulier concerne son incapacité à expliquer de façon satisfaisante l'action collective. Le problème peut être formulé de la façon suivante. L'individu caractérisé par une ethnicité potentielle est rationnel. Il agit sur la base d'un calcul coûts-avantages en vue de maximiser ses intérêts personnels. Plus précisément, il possède des désirs, des utilités, des buts qu'il s'efforce d'atteindre. Etant donné que tous les buts ne peuvent pas être également atteints en raison de la rareté ambiante des ressources, l'individu choisira entre toutes les actions possibles — certes en tenant compte des contraintes structurelles — celles qui lui permettront de maximiser ses utilités. Parmi les biens que l'individu souhaite acquérir, certains sont également disponibles pour tous les individus appartenant au groupe ethnique. Appelons-les les biens publics ethniques. Une fois produits, ils peuvent être consommés par n'importe quel membre du groupe ethnique, qu'il ait ou non participé à leur production. Dans ces conditions, pourquoi l'individu participerait-il à cette production de biens ethniques collectifs? Pourquoi prendrait-il la peine de s'engager dans une action collective dans la mesure où il pourrait bénéficier de ses résultats à moindre coût? Evidemment, si tous les individus suivaient le même raisonnement, le bien ethnique en question ne serait pas produit et tous les membres du groupe ethnique en souffriraient.

En d'autres termes, comment expliquer que l'individu censé agir en vue de maximiser ses intérêts personnels, mobilise son ethnicité ou effectue le choix ethnique pour se mettre à la recherche de biens collectifs dans un groupe ethnique, alors que rationnellement, il ne devrait pas le faire? C'est le fameux problème du *free rider* (le « ticket gratuit »).

Dans un article intitulé « A theory of ethnic collective action », Michael Hechter et ses collaborateurs (1982) avancent des éléments de réponse à ce problème. Mais ils ne parviennent pas à convaincre.

En conclusion, les théories de l'ethnicité exclusivement basées sur l'individualisme méthodologique et le choix rationnel présentent l'avantage de mettre en évidence que l'ethnicité peut aussi être une question de choix individuel. Toutefois, elles paraissent donner lieu à plus de problèmes que de solutions. C'est précisément en vue de résoudre certains de ces problèmes que les théories qui vont maintenant être discutées ont été développées.

C) *La théorie constructiviste de la compétition ethnique.* — Dans la littérature américaine consacrée à l'ethnicité, l'effet de l'action de l'Etat sur l'ethnicité et sur les groupes ethniques a souvent été ignoré. Le rôle de l'Etat américain a pourtant souvent été perçu comme étant simplement de faire face à, ou de contrôler la mobilisation[1] des groupes ethniques dans la vie politique afin d'éviter l'extension des conflits.

A l'encontre de cette optique courante, Cynthia Enloe a montré (1981) qu'au cours de sa construction et de son renforcement, l'Etat américain a souvent généré ce type de mobilisation. Il a fréquemment intensifié les identités ethniques et a été un facteur crucial dans la mobilisation ethnique, même si son intention était au contraire de promouvoir l'assimilation et la démobilisation ethnique. Dans le schéma de Enloe, l'affirmation et la variabilité ethniques ne sont pas simplement des questions de choix rationnel d'acteurs individuels. Elles dépendent aussi de l'impact de l'Etat sur la perception que développent les membres des groupes ethniques de leur identité, sur les ressources dont ils peuvent disposer pour l'organisation communautaire et la mobilisation collective et enfin, sur l'acceptation réciproque des groupes ethniques dans les processus politiques, comme par exemple les élections. L'Etat américain, à l'instar des Etats européens, doit ainsi être considéré comme un acteur central dans la création, la reproduction et la mobilisation de l'ethnicité à travers la reconnaissance qu'il octroie éventuellement aux groupes ethniques et à travers les processus qu'il met en œuvre en vue de les institutionnaliser.

Dans la mesure où l'Etat constitue une force considérable impliquée dans les processus d'imputation ethnique dans la société contemporaine, la mobilisation ethnique moderne revêt un caractère hautement politique, qui est l'objet de certains travaux de Joane Nagel (J. Nagel, *in* S. Olzak et J. Nagel (Eds), 1986). Cette dernière montre que la reconnaissance et l'institutionnalisation de l'ethnicité dans la politique accroît

---

1. La notion de mobilisation ethnique est définie au chapitre II, § 3.

le niveau de mobilisation ethnique parmi tous les groupes ethniques et détermine les frontières selon lesquelles la mobilisation et le conflit ethniques vont se produire en fixant les règles régissant la participation politique et l'accès au pouvoir. Les mécanismes de construction politique de l'ethnicité peuvent être rangés dans deux grandes catégories : la structure de l'adhésion et du pouvoir politique, d'une part, et le contenu des politiques publiques, d'autre part.

En ce qui concerne la première catégorie, Nagel constate que la mobilisation ethnique dans un Etat est probable lorsque les structures de la participation, de l'adhésion et du pouvoir politique sont organisées selon des clivages ethniques. La régionalisation et l'institutionnalisation de la participation ethnique notamment, peuvent promouvoir la mobilisation politique ethnique.

Quant à la régionalisation, on peut s'attendre à ce que une mobilisation ethnique se produise selon les divisions ethniques qui correspondent aux frontières géographiques, politiques et administratives reconnues. L'arrangement administratif de la population peut soit renforcer les différences ethniques existantes, soit être à la base de la création de nouveaux groupes ethniques.

Pour ce qui est de l'institutionnalisation de la participation ethnique, la mobilisation ethnique se produira selon les frontières ethniques qui sont officiellement reconnues comme des bases de participation. Globalement, on peut distinguer deux moyens d'arriver à une participation politique ethniquement structurée. Le premier moyen consiste dans une reconnaissance constitutionnelle de l'ethnicité comme une base pour la participation politique. C'est par exemple le cas des circonscriptions électorales unilingues en Belgique. Le second moyen consiste dans la régionalisation *de facto* de la représentation pour la faire coïncider avec les frontières ethnorégionales. Ainsi, en Suisse, la représentation fédérale prend comme unité officielle les cantons, mais ceux-ci sont homogènes d'un point de vue linguistique.

Dans les deux cas, les groupes ethniques sont transformés en groupes d'intérêts politiques et par conséquent, la compétition ethnique est accentuée. Premièrement, la reconnaissance officielle de l'ethnicité institutionnalise, légitime et rend permanente la participation politique organisée selon des lignes ethniques. C'est notamment le cas en Belgique où la plupart des partis naguère nationaux se sont divisés en des partis certes de même idéologie, mais à caractère linguistique, soit flamands, soit francophones. Deuxièmement, cette reconnaissance officielle de l'ethnicité comme une base de représentation politique peut promouvoir des formes de mobilisation neuves de la part de groupes jusqu'alors inorganisés, mais qui redoutent d'être exclus d'une arène politique définie en termes ethniques. On peut ici prendre l'exemple des Belges germanophones qui tendent à former leurs propres partis.

En ce qui concerne la seconde catégorie, à savoir le contenu des politiques publiques, Nagel émet l'hypothèse que la mobilisation ethnique est plus probable lorsque des politiques publiques reconnaissant et institutionnalisant les différences ethniques sont adoptées et mises en œuvre. On peut distinguer quatre catégories de politiques publiques qui ont des implications considérables en matière de mobilisation ethnique et de détermination des frontières ethniques selon lesquelles elle se produit.

Au niveau d'abord des politiques linguistiques, la mobilisation ethnique se produira selon les frontières ethniques qui coïncident avec les clivages linguistiques officiels. Les politiques linguistiques institutionnalisent la diversité ethnique, politisent les divisions linguistiques et les rendent permanentes. Au niveau ensuite des politiques territoriales, la mobilisation ethnique se produira selon les frontières ethniques qui coïncident avec les territoires officiellement alloués à chaque groupe. Au niveau enfin des désignations officielles et de la distribution des ressources, la mobilisation ethnique se produira selon les frontières ethniques qui correspondent à des désignations officielles en vue d'un traitement spécial des groupes ou de l'acquisition des ressources politiques de leur part. Le pouvoir des désignations officielles n'est pas une mince affaire. C'est pourquoi l'enjeu conduit souvent à des débats politiques tendus, notamment au moment des recensements de la population. Par ailleurs, en termes d'organisation stratégique pour un avantage compétitif, la distribution de ressources politiquement contrôlées selon une clé de répartition ethnique est un facteur puissant influençant la mobilisation ethnique. Reconnaître et récompenser l'ethnicité pour un ou plusieurs groupes peut engendrer une mobilisation politique parallèle des groupes qui ne sont pas ainsi ciblés. Dès lors, il pourra en résulter une ethnicisation généralisée de la vie sociale, économique et politique.

L'approche politologique de Nagel se situe davantage au niveau mésosocial même si elle peut déboucher sur des implications macrosociales. Son apport majeur consiste dans la mise en évidence de certains facteurs extérieurs aux groupes ethniques, en particulier le rôle de l'Etat, dans l'explication de la mobilisation ethnique et dans le développement d'identités ethniques collectives. Par conséquent, elle permet de nuancer les théories du choix rationnel en mettant l'accent sur certaines contraintes qui pèsent sur le choix individuel d'une identité ethnique. Elle permet aussi de comprendre la dynamique ethnique en cours dans certains pays occidentaux comme la Suisse ou la Belgique. Toutefois, elle risque en contrecoup de donner une trop grande importance à l'Etat dans l'explication de la mobilisation ethnique. Par ailleurs, cette approche fait l'impasse sur les dimensions symboliques de l'ethnicité qui peuvent aussi revêtir une importance notable dans la vie des individus. L'aspect symbolique de l'ethnicité fait précisément l'objet des nouvelles théories de l'ethnicité développées aux Etats-Unis dans le courant des années quatre-vingt et quatre-vingt-dix.

D) *Les nouvelles théories de l'ethnicité : l'ethnicité symbolique, les options ethniques et la « postethnicité ».* — Depuis quelques années, le débat sur le futur de la nation américaine et sur le rôle de l'ethnicité fait à nouveau rage aux Etats-Unis. D'un côté, les partisans de l'assimilationnisme, durement contesté depuis quelques décennies, s'efforcent de lui donner une nouvelle vigueur. Ils tentent de réaffirmer le projet d'une nation américaine faite d'individus libres partageant un ensemble de valeurs fondamentales communes. De l'autre côté, du camp pluraliste ont récemment émergé des revendications concernant la reconnaissance de la diversité culturelle dans la société américaine. Le projet assimilationniste est de plus en plus rejeté par les minorités noires et hispaniques pour son caractère eurocentrique, voire anglocentrique. Les grandes universités américaines ont ainsi récemment été le théâtre de débats acharnés à propos de l'introduction du multiculturalisme dans les cursus universitaires. Les leaders des minorités se plaignent en effet de l'absence de l'étude de leur culture dans les programmes scolaires. Les défenseurs les plus acharnés du multiculturalisme vont jusqu'à revendiquer un cursus distinct pour chaque groupe ethnique et racial qui tiendrait compte de leurs particularités culturelles. Dès lors, la conception sous-jacente de la nation américaine est celle d'une juxtaposition de groupes ethniques séparés caractérisés par une culture et une identité spécifiques inviolables et irréductibles à une soi-disant culture commune américaine. Cette dernière ne serait en réalité que l'expression de la domination de la majorité blanche anglo-saxonne.

Certes, entre l'assimilationnisme extrême et le multiculturalisme exacerbé, des positions intermédiaires se font jour. Quoi qu'il en soit, ce débat témoigne d'une redéfinition de la controverse traditionnelle entre deux camps idéologiques, l'assimilationnisme et le pluralisme culturel. Il permet aussi de mettre en lumière un changement de la nature de l'ethnicité des classes moyennes et supérieures ainsi qu'une recomposition du paysage ethnique américain.

Dans ce contexte, sont apparues diverses tentatives d'explication des affirmations ethniques et de leurs changements dans la société américaine contemporaine. Les différentes théories élaborées partagent quelques traits communs fondamentaux. Tout d'abord, elles rejettent les approches substantialistes de l'ethnicité pour plutôt se centrer sur l'étude de la signification subjective de l'ethnicité, c'est-à-dire sur les phénomènes d'identification et sur les identités ethniques. En second lieu, elles rejettent tant les optiques primordialistes que les approches purement instrumentalistes. L'ethnicité n'est considérée ni comme une réalité primordiale, ancienne, fixe et inhérente au passé mythique des peuples, ni comme une réalité purement instrumentale calculée et manipulée principalement à des fins politiques (K. Conzen *et al.*, 1990). L'ethnicité est perçue comme une construction culturelle et sociale changeante qui est constamment réinventée en réponse aux réalités changeantes qui affectent tant le groupe ethnique que la société dans son ensemble.

Sur la base de ces idées, des travaux importants ont été menés au sujet du changement des identités ethniques parmi les descendants des immigrés européens. En effet, il a été souligné que les descendants des immigrés d'Europe ont connu un succès et une mobilité sociale tardifs mais remarquables dans la société américaine. Certains, par exemple Andrew Greeley, n'ont pas hésité à utiliser l'expression de « miracle ethnique » pour qualifier cette insertion brillamment réussie aux troisième et quatrième générations. Toutefois, contrairement à ce que les théoriciens assimilationnistes prétendaient, ces descendants d'immigrés européens n'ont pas abandonné leur identité ethnique. Au contraire, les années quatre-vingt ont même vu une affirmation plus forte de l'appartenance ethnique dans la société américaine. On a de plus en plus parlé de « nouvelle ethnicité » *(new ethnicity)* pour désigner ces processus d'identification ethnique parmi les classes moyennes et supérieures des faubourgs cossus des villes américaines.

Dès les années soixante-dix, plusieurs théories ont tenté d'expliquer cette nouvelle ethnicité. Selon Howard Stein et Robert Hill (M. Waters, 1990), ces Américains, qui ont très souvent une ascendance ethniquement mixte, auraient recours à une « ethnicité de supermarché » *(dime store ethnicity)*. Ils auraient la possibilité de s'identifier au grand-parent de leur choix et de devenir symboliquement un descendant du groupe d'origine de cet aïeul. Ils pourraient en quelque sorte choisir une ethnicité comme on choisirait n'importe quel produit dans un supermarché. Pour Stein et Hill, il s'agit là d'une ethnicité irréelle, fausse, que les gens choisissent consciemment dans le seul but de parader en public. Elle se distingue de la vraie ethnicité qui exerce une influence sur l'existence des individus sans qu'ils en aient conscience. Dans un article célèbre paru en 1979 et intitulé *Symbolic Ethnicity*, Herbert Gans étudie cette persistance d'une identification ethnique chez les Américains d'origine européenne, en dehors d'une implication concrète de leur part dans la vie sociale d'un groupe ethnique plus large. En effet, ces individus qui se disent Italiens, Irlandais ou Croates exercent des professions socialement valorisées (avocats, professeurs, etc.). Ils habitent dans les faubourgs des grandes villes comme le reste des classes moyennes et supérieures américaines dont ils partagent le même style de vie et les mêmes valeurs. Ils n'appartiennent pas à des réseaux sociaux ethnicisés, ou à des formations politiques ethniques. Selon Gans, leur identification ethnique consiste en une identification symbolique avec une ascendance partiellement choisie et qui se manifeste principalement durant les activités occasionnelles de loisirs. Elle ne s'inscrit pas dans le cadre de stratégies politiques. Par exemple, ceux qui s'identifient aux Italiens, participeront à la procession annuelle de Mulberry Street à New York, tandis que ceux qui s'identifient aux Irlandais fêteront la Saint-Patrick. En d'autres mots, cette « ethnicité symbolique » qui caractérise les membres des classes moyennes et supérieures d'origine européenne n'exerce aucune influence sur leur vie sociale à moins qu'ils ne décident consciemment de la faire compter. Pour eux, l'ethnicité est devenue une identité subjective qui est invoquée à souhait par les individus.

Les chercheurs intéressés par ce phénomène d'identification ethnique mettent donc l'accent sur l'identité ethnique individuelle et non pas sur le groupe ethnique en tant que réalité collective. Car, en effet, nous n'avons plus affaire ici à des quartiers ethniques où les opportunités sociales dépendent de l'origine ethnique et où une communauté ethnique occupe un espace géographique donné. La nouvelle ethnicité n'est pas attachée à l'existence d'un groupe visible et localisable.

Dans la foulée des acquis théoriques de l'œuvre de Gans, Mary Waters (1990) dégage les deux caractéristiques majeures de cette ethnicité. En premier lieu, elle résulte d'un double choix individuel. L'individu peut choisir s'il désire une identification ethnique ou non. Il peut aussi dans une certaine mesure choisir à quel groupe ethnique il désire appartenir symboliquement. Trois facteurs principaux expliquent l'existence de cette possibilité de choisir son ethnicité, cette option ethnique : le degré de mariages mixtes entre les groupes ethniques européens, la mobilité géographique et la mobilité sociale. Toutefois, remarque Waters, les individus concernés ne reconnaissent pas volontiers cette faculté de choisir qui leur est offerte.

En second lieu, l'ethnicité est dynamique. L'individu peut faire varier son ethnicité symbolique au cours du temps. Il peut la faire disparaître ou en choisir une autre selon les circonstances.

La théorie de Waters s'intègre dans une perspective clairement situationniste dans la mesure où elle étudie les structures et les contextes sociaux particuliers qui affectent le processus par lequel l'individu invoque une identité ethnique ou une autre. Toutefois, Waters ne répète pas l'erreur courante des situationnistes qui surestiment souvent, à l'instar de Barth, la subjectivité et le volontarisme de l'ethnicité. Ce faisant, ils oublient souvent les contraintes structurelles et sociales qui pèsent sur les processus d'identification ethniques, les rendant parfois impossibles, parfois obligatoires.

Waters tente par ailleurs d'expliquer le succès de l'ethnicité symbolique alors qu'elle est pratiquement vide de contenu. Selon elle, deux raisons permettent de l'expliquer et de pronostiquer son maintien à l'avenir. Premièrement, l'ethnicité symbolique persiste car elle permet de satisfaire deux désirs contradictoires inhérents au caractère américain : la quête d'une communauté d'appartenance et un désir d'individualité. L'identité ethnique permet aux individus de se sentir à la fois spéciaux et d'appartenir à une communauté. Elle satisfait à la fois leur individualisme et leur aspiration communautaire. Par ailleurs, l'ethnicité symbolique est aussi attractive parce qu'elle implique un choix. Elle donne à la classe moyenne américaine l'impression d'avoir une culture riche sans coût à payer. Deuxièmement, l'ethnicité symbolique persiste car elle est idéologiquement en accord avec les croyances racistes. Elle exerce une influence subtile sur les relations raciales aux Etats-Unis. Tandis que l'ethnicité de la classe moyenne blanche est symbolique, flexible et volontaire, l'ethnicité des Noirs et des Hispaniques est tout le contraire. Les conséquences sociales et politiques de l'appartenance à ces catégories sont réelles et souvent à l'origine d'énormes souffrances. La classe moyenne blanche ne comprend pas cette différence entre l'ethnicité « blanche » et « noire ». Pour elle, toutes les ethnicités sont équivalentes, symboliques, volontaires et sans coût. Par conséquent, elle ne comprend pas la situation et les revendications actuelles des minorités raciales dans la société américaine. Elle a notamment tendance à s'opposer aux programmes sociaux qui tendent à améliorer leur position et ce faisant, elle renforce le racisme dans la société américaine. Richard Alba (1990) semble rejoindre cette analyse. Selon lui, cette ethnicité symbolique contribue à définir l'expérience prototypique de l'aventure américaine par l'histoire de ces immigrés européens qui sont partis de rien pour arriver au sommet. Elle constitue la nouvelle définition de l'américanité par rapport à laquelle des autres groupes, dont les Noirs, sont obligés de se situer. Dès lors, elle les exclut par définition. Elle peut donc être considérée comme une forme de racisme.

L'idée principale de Alba est que l'ethnicité des Américains d'origine européenne est entrée dans un processus de transformation sans précédent qui prend l'allure d'un paradoxe. En effet, d'un côté, les distinctions ethniques objectives basées sur l'ascendance européenne s'amenuisent rapidement que ce soit dans les domaines socio-économique, éducationnel, culturel ou politique. Pour ces Américains, l'ethnicité ne conditionne plus leur position dans la société américaine. De l'autre côté, en dépit de cette disparition de la différenciation ethnique objective, au niveau de la famille, de l'école ou du travail, la majorité d'entre eux continuent de façon plus ou moins intense, plus ou moins variable à se revendiquer d'une origine ethnique européenne. Pour Alba, cette transformation marque la naissance d'un nouveau groupe ethnique aux Etats-

Unis, les Européens-Américains. De même, cette naissance d'un nouveau groupe ethnique permet d'expliquer pourquoi tant de Blancs continuent à se revendiquer d'une origine ethnique alors que pour eux, les différences culturelles se sont largement estompées. En effet, dans la mesure où le contexte social américain demeure fondamentalement multiethnique et multiracial et où la compétition entre les groupes définis en termes ethniques reste une force considérable, la naissance de groupes ethniques basés sur une identité européenne symbolique peut être interprétée comme un résultat de l'assimilation des groupes ethniques issus des vagues migratoires européennes. En dépit de la perte de leur contenu culturel distinctif, ils doivent continuer à se présenter en termes ethniques.

Autrement dit, la société américaine ne serait le théâtre ni d'un déclin de l'ethnicité ni d'une recrudescence du phénomène ethnique, mais plutôt d'une recomposition des frontières ethniques parmi les Américains d'origine européenne, laquelle aurait aussi comme il a déjà été souligné, des implication politiques générales sur la dynamique entre groupes ethniques et raciaux.

Alba souligne que cette forme d'ethnicité prédominante chez les Blancs d'origine européenne se reflète dans des expériences perçues comme ethniques qui demeurent privées plutôt que publiques. Elles ne donnent pas lieu à une mobilisation politique ou à une solidarité sociale entre les porteurs d'une même identité ethnique. Ces expériences ne se concrétisent pas tous les jours mais seulement de façon occasionnelle. Ainsi, « manger ethnique », par exemple, compte parmi les expériences les plus importantes.

Le type de réflexion proposé par Gans, Waters et Alba a été prolongé par des interrogations sur le futur de la société et de la nation américaine. Parmi les tentatives les plus intéressantes de résoudre la tension entre les différentes approches de l'ethnicité, la réflexion de David Hollinger (1992) sur la « postethnicité » mérite d'être présentée. L'auteur plaide pour la création d'un futur postethnique aux Etats-Unis dans lequel l'affiliation sur la base d'une descendance commune serait volontaire et non plus prescrite. Une Amérique postethnique serait une société dans laquelle un écrivain noir issu d'une descendance à la fois « africaine » et irlandaise pourrait revendiquer son héritage irlandais sans que cela soit considéré comme une blague (W. Sollors, 1989). Ce serait aussi une société dans laquelle la convention qui veut qu'une femme blanche puisse donner naissance à un enfant noir mais qu'une femme noire ne puisse pas donner naissance à un enfant blanc serait rejetée.

La perspective postethnique entend réagir contre l'histoire ethnique de la nation américaine dominée par les WASP. Elle devrait être portée par les générations actuelles qui apprécient plus que toutes les générations antérieures, les cultures ignorées dans l'histoire américaine. Elle devrait reconnaître aux individus la possibilité d'effectuer des choix révocables entre des affiliations ethniques que l'on a jusqu'à présent trop souvent considérées comme primordiales. Contrairement au grand pluraliste Horace Kallen qui disait qu'on ne peut pas choisir son grand-père et que par conséquent les identités ethniques et raciales sont données une fois pour toutes, la perspective postethnique conteste ce droit des ancêtres d'imposer une identité primordiale. Le mot d'ordre de la postethnicité est le suivant : « Laissons tous les individus choisir librement leur identité ethnique, quelle que soit la descendance commune. » Clairement, la perspective postethnique insiste sur le caractère socialement construit des groupes ethniques et raciaux.

Ce caractère socialement construit et donc changeant des identités ethniques et raciales apparaît clairement dans le mouvement actuel vers la formation d'un groupe ethnique euro-américain qui amalgamerait des identités ethniques qui par le passé, étaient aussi distinctes et aussi conflictuelles que celles des Italo-Américains, des Irlandais-Américains, des Juifs-Américains, des Norvégiens-Américains, etc. De plus en plus, le groupe européen-américain est considéré comme un des cinq blocs démographiques qui composent la société américaine à côté des Asiatiques-Américains, des Africains-Américains, des « Native »-Américains[1] et des Hispaniques-Américains. C'est ce que l'auteur appelle le « nouveau pentagone ethno-racial américain » *(new American ethno-racial pentagon)* ou le « quintuple creuset » *(quintuple melting pot)*. En effet, chacun de ces cinq groupes est déjà un amalgame d'identités auparavant perçues comme distinctes, à l'exception peut-être du groupe des Africains-Américains.

Ces amalgames qui ont présidé à la formation du pentagone ethno-racial actuel et qui ont donné naissance au groupe des Européens-Américains livrent deux enseignements positifs pour la théorie de l'ethnicité. Premièrement, ils montrent le caractère contingent et contextuel du processus de création, de perpétuation et d'altération des identités ethniques. Deuxièmement, ils nous invitent à reconnaître que des amalgames analogues ont lieu dans les autres grands blocs démographiques actuels.

Dans l'Amérique d'aujourd'hui, les lignes de division entre les cinq composantes du pentagone ethno-racial constituent les limites au mouvement des individus entre les groupes ethno-raciaux, les frontières ethniques les plus étanches imposées par les détenteurs de pouvoir dans la politique ethnique. Autrement dit,

---

1. Cette expression désigne les descendants des différentes tribus indiennes qui peuplaient le territoire nord-américain.

deux types de frontières ethniques caractérisent la société américaine d'aujourd'hui. D'abord, des frontières très rigides séparent les cinq blocs du pentagone ethno-racial. Ensuite, des frontières ethniques plus perméables que les individus peuvent franchir avec plus de facilité séparent les différentes composantes au sein de chacun de ces blocs. Parmi ces cinq groupes, le bloc européen-américain présente les frontières internes les plus ouvertes et par conséquent, confère la plus grande liberté de circulation identitaire aux individus, ou comme écrirait Waters, le plus grand nombre d' « options ethniques ».

Dès lors, une société postethnique se caractériserait par l'égalité d'opportunité qu'elle octroierait à tous les citoyens d'exercer librement leur option ethnique. Autrement dit, il s'agirait d'une société dans laquelle toutes les frontières ethniques seraient franchissables et dans laquelle tous les individus auraient la même latitude de se choisir librement une ethnicité symbolique.

Certes, la perspective postethnique relève actuellement plus du rêve que de la réalité. Toutefois, elle constitue un cadre de réflexion général pour le futur de la société américaine. Elle propose un défi plus qu'une description de la réalité actuelle qui présente au contraire souvent l'image d'un repli communautaire sur des identités de plus en plus circonscrites et contraignantes. La mise en place d'une société postethnique pourrait mobiliser les ressources de la tendance cosmopolite qui caractérise notamment l'espace intellectuel. Toutefois, le facteur central susceptible de favoriser l'émergence d'une société postethnique est d'ordre socio-économique. Comme le dit Hollinger, ceux qui critiquent la « balkanisation des Etats-Unis » en se focalisant sur les revendications soi-disant séparatistes des minorités raciales feraient mieux de se concentrer sur la rigidité croissante de la structure de classe qui condamne une fraction croissante de la population à une exclusion sociale permanente. Si tous les citoyens avaient la possibilité d'atteindre un niveau de vie acceptable, le projet d'une société postethnique serait beaucoup moins utopique. Au contraire, si les besoins des pauvres et des exclus des cinq blocs ethniques continuent d'être négligés, il faut plutôt redouter la consolidation d'une société ethniquement et racialement fragmentée. Cette conclusion lucide de Hollinger semble adéquate au cas américain mais elle mériterait également de stimuler une réflexion dans le contexte européen. Par ailleurs, l'introduction de la dimension de classe sociale conduit directement aux théories d'inspiration marxiste de l'ethnicité.

4. **Les théories d'inspiration marxiste.** — Après avoir occupé une position centrale dans les sciences sociales pendant plusieurs décennies, le paradigme marxiste a peu à peu perdu de son crédit et de sa visibilité au cours des années quatre-vingt. L'échec du communisme réel comme projet politique s'est traduit par un rejet assez généralisé du marxisme comme instrument d'analyse de la société contemporaine. Cette attitude paraît doublement contestable. En effet, si l'évolution sociale, économique et politique mondiale a bel et bien montré l'inadéquation de la philosophie de l'histoire marxiste, il n'en résulte pas nécessairement que les catégories d'analyse d'inspiration marxiste soient elles aussi devenues obsolètes. Par ailleurs, la tradition de pensée marxiste est extrêmement riche et diversifiée si bien qu'il peut sembler à tout le moins imprudent de la rejeter en bloc sans tâcher d'en conserver des éléments utiles à l'explication du social.

Quoi qu'il en soit, force est de reconnaître que la pensée marxiste a traditionnellement éprouvé d'énormes difficultés à rendre compte des dynamiques ethniques, raciales et nationales de façon systématique et cohérente. Ainsi, Karl Marx et Friedrich Engels n'ont finalement laissé que peu d'écrits traitant de ces questions. On trouve bien dans leur œuvre quelques développements intéressants concernant la pertinence des relations raciales dans certaines formations sociales, par exemple la conception de la « race » comme un facteur économique dans l'esclavage américain. Toutefois, on y trouve peu de traces d'une réflexion historique et théorique systématique sur le rôle des processus ethniques et raciaux dans le mode de production capitaliste dans son ensemble. De plus, certains auteurs ont eu raison de souligner que Marx et Engels se sont parfois laissés aller à des déclarations qui cadraient parfaitement avec les stéréotypes raciaux dominants de leur époque. Mais le reproche majeur adressé aux pionniers du marxisme est celui d'avoir, par leur insistance exclusive sur le concept de classe, négligé l'importance des phénomènes ethniques et raciaux en les subsumant sous la catégorie regroupant les phénomènes de classe ou en les traitant comme des phénomènes superstructurels secondaires.

Deux thèmes liés aux différences ethniques, raciales, nationales et religieuses émergent néanmoins des écrits de Marx et Engels. Le premier thème concerne la question des divisions internes de la classe ouvrière. Ainsi, analysant les migrations de travailleurs irlandais vers la Grande-Bretagne, Marx s'inquiétait de l'effet potentiellement néfaste de ces mouvements migratoires sur la cohésion de la classe ouvrière anglaise. Le second thème est celui de la nation et de la question nationale. Selon Marx, l'identité nationale était en général la manifestation d'une fausse conscience qui risquait d'entraver l'essor de l'identité de la classe ouvrière et partant, de mettre en péril son organisation politique et son ardeur révolutionnaire. Même si les analyses relatives à ces deux thèmes n'ont pas été suffisamment développées, elles jettent cependant les bases des analyses marxisantes ultérieures des dynamiques ethniques et raciales.

Il semble malgré tout correct de souligner que la tendance marxiste orthodoxe à réduire les phénomènes ethniques et raciaux à des phénomènes de classe sociale a persisté jusqu'au début des années soixante-dix. Après cette période, la réflexion d'inspiration marxiste ou néo-marxiste s'est profondément renouvelée et diversifiée. Elle a notamment donné lieu à des interprétations beaucoup plus élaborées des relations entre les catégories ethniques et raciales et la classe sociale. D'une part, l'orthodoxie marxiste réductrice était rejetée, d'autre part, les vertus d'une perspective en termes de classe sociale reconnaissant une certaine autonomie à la « race » et à l'ethnicité étaient réaffirmées.

Ce changement majeur dans l'approche d'inspiration marxiste des relations ethniques et raciales peut être illustré par la distance qui sépare l'œuvre orthodoxe de Oliver Cox et les travaux de Robert Blauner (E. San Juan, 1992). L'ouvrage de Cox, *Caste, Class and Race* publié en 1948 a longtemps été considéré comme l'ouvrage marxiste de référence à propos des relations raciales. Sa théorie des relations entre Noirs et Blancs aux Etats-Unis peut être résumée comme suit. Premièrement, les Noirs souffrent selon lui principalement d'une exploitation en raison de leur position de classe. Ils sont tout d'abord discriminés par ce qu'ils sont des prolétaires. De plus, ils sont aussi exploités racialement dans la mesure où ils sont victimes d'idéologies racistes d'infériorisation. En quelque sorte, par rapport aux prolétaires blancs, les travailleurs noirs souffrent d'une double exploitation et au bout du compte, les relations raciales se réduisent à des conflits de classes. Autrement dit, l'idéal universaliste du marxisme orthodoxe l'empêchait de percevoir la spécificité de l'oppression raciale. Deuxièmement, le racisme et l'ethnicité sont des marqueurs utilisés par la bourgeoisie pour diviser la classe ouvrière. Les idéologies racistes empêchent les prolétaires noirs et blancs de prendre conscience de leurs intérêts communs et de s'organiser ensemble contre l'ennemi objectif commun, la bourgeoisie. Cette dernière est la seule à tirer un profit, notamment économique, de cette division de la classe ouvrière.

L'ouvrage de Robert Blauner *Racial Oppression in America* publié en 1972 (E. San Juan, 1992) va sonner le glas de l'optique orthodoxe et réductrice de Cox et constituer le point de départ du renouveau de la réflexion d'inspiration marxiste sur les questions de l'ethnicité et du racisme. Pour la première fois, la société américaine va être définie comme un « ordre racial » et la « race » va être conçue comme une force politique internationale redoutable. Blauner s'oppose à Cox et prétend que la « race » ne peut pas être réduite à la classe. De même, le racisme n'est pas selon lui un ensemble de croyances subjectives irrationnelles. La « race » et la classe sont dialectiquement entrelacées. Les minorités raciales aux Etats-Unis sont à la fois exploitées en tant que travailleurs et opprimées en tant que populations colonisées. Blauner construit le concept de « colonialisme intérieur » *(internal colonialism)* pour désigner cette oppression. De plus, il met l'accent sur les mécanismes de domination culturelle et sur l'importance des mouvements de résistance culturelle dans lesquels s'engagent les groupes opprimés et qui prennent parfois le visage de mouvements nationalistes.

A partir de la publication du livre de Blauner jusqu'aux années quatre-vingt, la réflexion marxiste sur les relations ethniques et raciales sera éclipsée du devant de la scène par la sociologie dominante de l'ethnicité présentée dans les paragraphes précédents. Toutefois, elle se développera en coulisse aux Etats-Unis et de façon un peu plus visible en Grande-Bretagne. Stimulée par des locomotives intellectuelles telles que par exemple Stuart Hall, Robert Miles, John Solomos en Grande-Bretagne, Manning Marable, Michael Omi et Howard Winant aux Etats-Unis, la réflexion portera sur quelques questions clés tout en mettant l'accent sur la nécessité d'analyser le mode de production capitaliste pour comprendre la dynamique ethnique et raciale dans le monde moderne. La première question concerne l'autonomie relative du racisme par rapport aux relations de classes. Selon Hall, il est incorrect d'opposer la « race » à la classe de façon simpliste. C'est en fait l'articulation entre ces deux notions dans des situations historiques spécifiques qui doit être examinée. La seconde question traite du rôle de l'Etat et des institutions politiques dans la dynamique ethnique et raciale. Les travaux de Omi et de Winant, par exemple, ont examiné dans quelle mesure l'Etat pouvait être le site de la reproduction de situations sociales structurées racialement. En troisième lieu, l'impact du racisme sur la structure de la classe ouvrière et sur la lutte de classe a été étudié en profondeur. Enfin, les processus de production et de reproduction des idéologies racistes ont été analysés. Par ailleurs, une fraction des penseurs d'inspiration marxiste a été tentée par la réflexion postmoderniste comme par exemple, Paul Gilroy et Stuart Hall.

Il faudrait certainement consacrer un ouvrage à la présentation et à la discussion des diverses théories d'inspiration marxiste de l'ethnicité. Pour ce qui concerne ce petit livre, on se bornera pour clore ce paragraphe à souligner les deux apports majeurs de la réflexion marxiste non orthodoxe à l'étude de l'ethnicité. Elle a tout d'abord fourni une série d'explications du contexte social, économique et politique général qui façonne les relations ethniques. Elle a ensuite souligné l'importance d'analyser conjointement l'ethnicité et la classe sociale et de ne pas réduire l'une de ces catégories à l'autre.

A l'issue de cette présentation des principales approches théoriques de l'ethnicité, des questions subsistent quant aux liens entre l'ethnicité et une série de concepts auxquels on la trouve souvent associée. Les trois chapitres suivants auront pour objectif de proposer une approche synthétique des liens entre l'ethnicité et les concepts de culture, de religion, de nationalisme, de race, de classe sociale et de sexe.

Chapitre IV

L'ETHNICITÉ ET LES CONCEPTS VOISINS : UNE VUE SYNTHÉTIQUE

Le concept d'ethnicité est couramment associé aux notions de culture, de religion, de nationalisme et de « race ». Ainsi, le sens commun établit souvent une équivalence entre ethnicité et culture, les groupes ethniques étant considérés comme des groupes humains caractérisés par une culture distinctive et héritée du passé. Le cas des communautés religieuses est plus mystérieux même si l'exemple des Juifs autorise à penser qu'une certaine relation existe entre l'ethnicité et la religion. En ce qui concerne le lien entre l'ethnicité et le nationalisme, une idée fréquemment véhiculée consiste à affirmer que les groupes ethniques sont en fait des nations sans Etat et que par conséquent, il n'y a pas de différence fondamentale entre les deux concepts. Enfin, la relation entre l'ethnicité et la notion de « race » donne lieu à des débats pas toujours sereins. Ainsi, dans le monde francophone, il est encore souvent considéré que l'usage du vocabulaire ethnique consiste en fait à réintroduire de façon masquée et euphémisée les conceptions raciales du siècle dernier dans les sciences sociales. L'objectif de ce chapitre sera de tâcher de dépasser ces lieux communs en présentant de façon synthétique et claire les aspects fondamentaux des liens conceptuels qui unissent ou différencient les notions en question.

I. — **Ethnicité et culture**

La question de la relation entre ces deux concepts a déjà été abordée au second chapitre, lorsque une définition de l'ethnicité a été présentée et, au chapitre III, lorsque les théories substantialistes et la théorie de Barth ont été discutées. Par conséquent, le présent paragraphe se bornera simplement à préciser certains points, en vue de caractériser davantage les particularités de l'approche de l'ethnicité plus ou moins explicitement préconisée dans cet ouvrage.

Pendant longtemps, l'anthropologie s'est exclusivement intéressée à des tribus et à des peuples à tradition orale complètement coupés de la civilisation occidentale. L'idéal ethnologique était d'étudier les systèmes sociaux et surtout la culture de ces ensembles humains inconnus dans toute leur pureté, à l'abri des influences occidentales. Cette perspective a amené les anthropologues à considérer les groupes ethniques comme des populations partageant des valeurs culturelles fondamentales communes. Celles-ci étaient censées se manifester par des formes et des pratiques culturelles observables. En d'autres mots, le groupe ethnique était défini par la culture commune que partageaient ses membres, à savoir notamment par la langue, les coutumes et les croyances observées par l'anthropologue au sein de l'ensemble humain étudié.

Bien que la tendance générale fût à l'étude des peuples et tribus vivant en isolement, sans aucun contact avec le monde extérieur, les anthropologues durent aussi travailler dans des contextes où le groupe ethnique étudié entrait en relation avec d'autres groupes ethniques. Dans ces cas, chaque composante de l'interaction sociale étant supposée être caractérisée par une culture spécifique, les différences culturelles entre les groupes ethniques en contact constituaient le facteur décisif de l'ethnicité. Sans différences culturelles objectives entre les groupes ethniques étudiés, il n'y avait pas d'expression possible de l'ethnicité. Cette dernière renvoyait directement à une culture matérielle, à des coutumes et à des pratiques observables et spécifiques à chaque groupe ethnique observé.

Dans cette approche anthropologique traditionnelle, la culture des groupes ethniques était considérée comme une donnée naturelle que le chercheur occidental devait s'efforcer de déchiffrer. Par ailleurs, il était supposé que si les différences culturelles entre les groupes ethniques venaient pour une raison ou une autre à s'estomper, l'ethnicité disparaîtrait par la même occasion.

Alors que cette conceptualisation des groupes ethniques comme autant d'unités culturelles spécifiques était empruntée par les autres sciences sociales, le travail de terrain des anthropologues faisait de plus en plus émerger ses faiblesses à rendre compte de certaines situations. Le cas des Kachin étudié par Edmund Leach constitue un exemple de l'inadéquation d'une conception de l'ethnicité en termes de contenu culturel (C. Keyes, 1976). En effet, bien que ne présentant aucune unité linguistique et culturelle, les Kachin de Birmanie n'en constituaient pas moins un groupe socialement défini. C'est en fait la structure des relations qu'entretenaient les Kachin avec leurs voisins, les Shans, qui leur assurait une cohésion sociale et non pas un quelconque contenu culturel distinctif. Abner Cohen (1974) fournit un autre exemple des limites de l'optique traditionnelle des liens entre l'ethnicité et la culture. Selon lui, les financiers de la City de Londres sont culturellement aussi distincts dans la société britannique que les Hausa le sont dans la société Yoruba. Ils constituent un groupe d'intérêt qui utilise notamment sa culture spécifique pour prendre part à la compétition entre les différents groupes d'intérêt composant le système social dans lequel ils s'insèrent. Pourtant, en dépit de leur spécificité culturelle, les financiers de la City londonienne ne sont jamais considérés comme un groupe ethnique.

En réalité, l'approche traditionnelle des liens particuliers entre l'ethnicité et la culture rencontre deux problèmes majeurs. Premièrement, elle participe dans une large mesure d'une réification de la culture. Cette dernière est perçue comme une chose en soi, indépendante des autres sphères de l'activité humaine. Le système culturel est en quelque sorte donné, fixe et clos. Deuxièmement, elle ne peut expliquer pourquoi des populations présentant des traits culturels différents, en différents endroits, et à différentes époques, peuvent néanmoins appartenir à un même groupe. Seule l'étude des interactions et de l'organisation sociales à laquelle nous invitent Leach et Barth permettrait de le faire. Elle consiste à mettre l'accent sur l'analyse des processus de marquage, d'établissement des frontières entre les groupes ethniques au détriment d'une étude de leur culture *per se*.

Comme en témoigne la définition de l'ethnicité adoptée au chapitre II et les développements théoriques présentés au chapitre III, l'optique traditionnelle des liens entre l'ethnicité et la culture a été dépassée. Il est de plus en plus communément accepté que l'ethnicité ne se définit pas par une particularité culturelle objective mais bien par la construction sociale et politique de celle-ci et par les tentatives déployées par les acteurs sociaux pour leur donner un sens à la faveur des interactions sociales. La culture est une conséquence de l'ethnicité et non pas un élément de définition de cette dernière. Dès lors, il devient plus aisé de concevoir que les identités ethniques puissent être maintenues en dépit du changement culturel et de la disparition des différences culturelles objectives entre les groupes. Ainsi, aux Etats-Unis, le regain de l'identité ethnique des descendants des immigrés européens dans les années soixante-dix a coïncidé avec leur entrée dans le stade final de l'assimilation totale dans la société américaine (H. Gans, 1979). Contrairement à ce que prétendait l'approche classique, la disparition des différences culturelles n'entraîne donc pas nécessairement et automatiquement la fin des identités ethniques.

Cela peut sembler paradoxal dans la mesure où les idéologies ethniques mettent très souvent l'accent sur la continuité du contenu culturel du groupe, laquelle est alors présentée comme une justification de sa cohésion.

Ce paradoxe peut être expliqué en appréciant les relations entre l'ethnicité et la culture à un autre niveau. Il s'agit ici de montrer comment l'idéologie ethnique entretient des idées de la spécificité culturelle et comment les acteurs sociaux s'efforcent de construire une spécificité culturelle sur base de laquelle fonder leur ethnicité.

Selon Nagel (1994), l'identité ethnique et la culture sont les deux éléments majeurs de l'ethnicité. Les frontières ethniques déterminent les options identitaires, l'appartenance, la composition, la taille et la forme de l'organisation ethnique. Elles répondent à la question du « qui sommes-nous? ». La culture, ou plutôt la croyance dans la spécificité culturelle, fournit le contenu et le sens de l'ethnicité. Elle fournit une idéologie, une histoire, un univers symbolique et un système de sens particuliers au groupe. La culture répond à la question du « que sommes-nous? ».

Dans l'optique constructiviste préconisée par Nagel, l'identité et la culture doivent être considérées comme des traits émergents et problématiques de l'ethnicité et non comme des données à simplement prendre en compte.

Dans cette approche, la culture est une question de production de sens. Elle dicte le contenu approprié ou inapproprié d'une ethnicité particulière et désigne la langue, la religion, le système de croyance, la musique, l'habillement, le style de vie qui seront associés à une ethnicité authentique. La culture n'est pas qu'un héritage de l'histoire. Ce n'est pas un chariot de supermarché qui nous serait transmis plein de biens culturels que nous serions obligés d'accepter. Nous construisons notre culture en choisissant des éléments sur des étagères du présent et du passé.

À l'instar des frontières ethniques, la culture est construite par les actions des individus et des groupes en interaction avec la société plus large. Métaphoriquement, la construction de la culture est le processus par lequel les individus et les groupes remplissent leur chariot de supermarché ou le vaisseau de Barth évoqué au chapitre III. Ce faisant, ils inventent le présent tout autant qu'ils réinventent le passé.

Nagel distingue plusieurs techniques de construction culturelle. Elles peuvent être rangées dans deux grandes catégories : la reconstruction de l'histoire culturelle et la construction d'une nouvelle culture. D'un côté, des pratiques et des institutions culturelles du passé sont ravivées et restaurées. De l'autre, des formes culturelles actuelles sont revues et reconstruites et des nouvelles formes de culture sont inventées. Les restaurations et les renaissances culturelles se produisent lorsque des formes ou des pratiques culturelles oubliées sont déterrées et réintroduites dans la culture contemporaine. Les révisions et les innovations culturelles se produisent lorsque les éléments culturels actuels sont modifiés ou lorsque de nouvelles formes ou pratiques culturelles sont créées.

Ces techniques de construction culturelle sont mises en œuvre dans la poursuite de deux objectifs : la construction d'une communauté et la mobilisation collective. Les constructions culturelles aident à la construction communautaire lorsqu'elles agissent pour définir les frontières de l'identité collective, quand elles établissent des critères de *membership,* lorsqu'elles génèrent un vocabulaire symbolique commun et quand elles définissent des objectifs communs. Les constructions culturelles promeuvent l'action collective lorsqu'elles servent de base à la solidarité groupale, quand elles donnent lieu à la définition de revendications ou de griefs et à l'établissement d'un agenda pour cette action collective.

La construction de leur histoire et de leur culture est une tâche majeure qui incombe aux groupes ethniques. Dans ce processus, le passé est utilisé comme une ressource dans la quête de sens et dans la quête de communauté.

Par ailleurs, la construction culturelle est aussi une méthode de revitalisation des frontières ethniques et de redéfinition de l'ethnicité dans la population ethnique existante. En d'autres mots, les groupes ethniques existants doivent se repositionner par rapport aux nouveaux groupes ethniques. Par exemple, en Belgique, l'affirmation ethnique des immigrés oblige les Flamands et les Wallons à reconstruire leur ethnicité.

La construction culturelle peut aussi être mise au service de la mobilisation ethnique. Le renouveau culturel est un aspect important des mouvements ethniques. Les revendications et l'imagerie culturelles sont utilisées par les activistes ethniques dans le processus de mobilisation.

Selon Nagel, l'étude de l'ethnicité devrait se centrer sur l'interaction entre l'action des individus et des groupes ethniques, d'une part, et les structures sociales, d'autre part. Aussi bien l'identité ethnique que la culture sont à la fois créées de l'intérieur et de l'extérieur. Dans les deux cas, nous nous trouvons face à des constructions sociales dont l'étude suppose une réconciliation de l'individu et de la structure, de l'individualisme méthodologique et du holisme.

En conclusion, la relation entre la culture et l'ethnicité est loin d'être simple. On ne peut plus soutenir que la spécificité culturelle objective et donnée des groupes ethniques définit leur ethnicité. Cette dernière se définit plutôt par la croyance dans l'existence d'une continuité culturelle qui caractériserait le groupe ethnique et par le sentiment d'appartenance à ce groupe. Par ailleurs, prétendre que l'ethnicité ne se définit pas par une culture distinctive objective et naturelle ne revient pas à dire que l'ethnicité et la culture soient dissociées. Au contraire, cette dernière semble être une conséquence de la première. Plus précisément, l'affirmation ethnique tend à se traduire par la construction d'idéologies de la différence culturelle et par la construction d'une culture propre. En quelque sorte, la culture serait un sous-produit de l'affirmation de l'identité et des frontières ethniques. Toute étude de l'ethnicité devrait par conséquent s'intéresser aux processus de construction sociale et politique, tant des identités ethniques que de la culture. C'est en effet de la dynamique entre ces processus qu'émergera l'ethnicité.

II. — **Ethnicité et religion**

Il est très difficile d'arriver à proposer une théorie générale des relations entre l'ethnicité et la religion tant la variété, la complexité et la spécificité des cas sont grandes. Dès lors, il est impossible de les connaître tous en profondeur et les propositions générales formulées risquent toujours d'être contredites par un cas empirique particulier.

On peut néanmoins s'efforcer de clarifier les relations entre l'ethnicité et la religion en distinguant trois types de questions et de problèmes.

Premièrement, on peut se demander si l'ethnicité ne peut pas constituer une sorte de religion. Deux aspects doivent ici être distingués. D'abord, les primordialistes comme Shils et Geertz attribuent une valeur sacrée aux liens ethniques. L'ethnicité partagerait avec la religion ce caractère sacré qu'on ne met jamais en doute. L'aspect religieux de l'ethnicité ferait en quelque sorte du groupe ethnique une communauté sacrée. Ensuite, les travaux récents de Arthur Schlesinger (1992) présentent l'ethnicité comme un culte, comme une croyance à l'œuvre dans la société américaine d'aujourd'hui. D'après lui, l'afrocentrisme et le multiculturalisme exacerbé, en faisant l'apothéose de l'ethnicité et des différences ethniques, accentueraient la fragmentation ethnique et raciale de la société américaine au détriment d'une vision unitaire de la nation. De plus, ils tendraient à s'ériger en dogmes indiscutables comme en témoignerait la vague de la *political correctness* (« correction politique ») qui dicte en substance les règles du vocabulaire acceptable pour définir et parler des minorités sans les froisser. Le non-respect des normes langagières imposées par les « ultras » du multiculturalisme extrême serait assimilé à la transgression d'un dogme et engendrerait de leur part une punition sociale — le rejet du coupable dans la catégorie honnie des racistes — assimilable à une excommunication.

Deuxièmement, pour les primordialistes, lesquels prônent souvent une approche de l'ethnicité en termes objectifs, cette dernière est associée à l'appartenance familiale mais aussi à une communauté plus large comme le clan ou le totem. En ce sens, le groupe ethnique peut comprendre en fait tous ceux qui se revendiquent de la même croyance et qui s'identifient à un même totem. La religion est dès lors considérée comme un élément objectif de définition de l'ethnicité au côté d'autres éléments culturels comme la langue ou les coutumes. Dans cette optique, une religion commune, à l'instar d'une même langue, constitue le ciment qui unit les individus. L'observation des conflits actuels indique pourtant qu'ils éclatent aussi dans des régions homogènes d'un point de vue religieux et linguistique.

Dans certains cas, la religion et l'ethnicité coïncident presque parfaitement pour autant que l'on se situe à un niveau d'analyse superficiel. Ainsi, les Juifs pris dans leur ensemble constituent un groupe religio-ethnique (H. Gans, 1994). Toutefois, dans d'autres cas, la communauté des croyants dépasse souvent en taille la communauté ethnique. Dès lors, des groupes ethniques différents peuvent partager la même religion, laquelle ne suffit donc pas toujours à distinguer les différents groupes ethniques. C'est le cas par exemple de la *Umma* islamique qui regroupe à la fois des Arabes, des Turcs, des Chinois et des Français, pour ne citer que quelques exemples.

Malgré tout, la religion peut faire partie de la définition l'identité ethnique ou nationale ou vice versa. Ainsi, la foi catholique romaine constitue indubitablement un élément crucial de l'identité polonaise tout comme la foi orthodoxe est centrale dans la définition de l'hellénisme. D'après Gans (1994), nous serions ici face à des groupes ethno-religieux.

Troisièmement, les liens entre l'ethnicité et la religion peuvent être analysés dans une perspective constructiviste en étudiant comment des symboles religieux sont manipulés dans les relations ethniques. A cet égard, Manning Nash (1989) a raison de remarquer que les groupes ethniques croient souvent avoir une ascendance et une religion communes. La plupart d'entre eux utilisent en combinaison les métaphores « du lit, du sang et du culte » *(bed, blood and cult)* dans leurs relations avec les autres groupes ethniques. Dans certaines conditions historiques, la religion peut devenir un outil culturel pour affirmer une ethnicité dont elle devient la marque par excellence. Plusieurs exemples peuvent être pris pour illustrer cette utilisation stratégique de la religion dans les relations ethniques. Les Assyriens d'Asie Mineure ne peuvent pas compter sur une différence de mode de vie suffisante pour se distinguer des Arabes et des Turcs de la région. Dès lors, leur discours ethnique repose notamment sur la mise en évidence de leur spécificité religieuse de chrétiens d'Orient pour se différencier à la fois des Arabes et des Turcs musulmans. Dans l'ancienne Union soviétique, des leaders kazakhs étiquetés musulmans, mais guère religieux, déploient des symboles religieux, par exemple la construction de nombreuses mosquées, comme une arme de négociation dans le conflit qui les oppose aux autorités russes. Dans le conflit bosniaque, les Serbes se sont efforcés de présenter les musulmans bosniaques comme des fondamentalistes engagés dans un *djihad* (une guerre sainte) visant, en alliance avec les catholiques croates et le Vatican, à détruire l'orthodoxie serbe. Dans les sociétés postmigratoires européennes enfin, l'affirmation religieuse peut être une marque d'ethnicité importante et représenter une réponse identitaire à l'exclusion sociale, politique et culturelle dont souffrent certaines catégories ethniques d'origine immigrée. C'est notamment le cas de certains jeunes Français nés de parents originaires d'un pays où prédomine l'islam, ou encore de jeunes Britanniques qui ont reconstruit en Grande-Bretagne la rastafarisme des Antilles de leurs parents. Qu'il traduise une expression réelle d'une foi religieuse ou la simple manipulation de symboles religieux, ce type d'appel à la religion est une arme culturelle que les plus faibles peuvent utiliser pour lutter contre l'exclusion dans le cadre d'une affirmation ethnique à la fois subjectivement valorisante et souvent dévalorisée par l'ensemble de la société.

III. — **Ethnicité et nationalisme**

L'ethnicité et le nationalisme entretiennent une relation extrêmement complexe. On peut tout d'abord l'étudier en s'efforçant de faire émerger les convergences et les divergences entre les deux concepts. On peut ensuite se demander dans quelle mesure le nationalisme est une continuation d'ethnicités préexistantes ou bien au contraire s'il constitue une nouveauté caractéristique de la modernité.

La modernité du nationalisme semble indubitable. Le terme lui-même semble avoir été inventé par le philosophe allemand Herder et en français, par l'abbé Barruel, il y a environ deux cents ans (G. Calhoun, 1993). Quant aux discours nationalistes, ils trouvent leur origine dans la rébellion britannique contre la couronne du XVIIe siècle, dans les luttes des élites du Nouveau Monde contre le colonialisme espagnol, dans la Révolution française de 1789 et dans la réaction allemande contre cette Révolution (G. Calhoun, 1993). Toutefois, en dépit de cette modernité incontestable, la plupart des revendications nationalistes actuelles s'enracinent dans la rhétorique d'une ethnicité préexistante, ancienne.

De la même façon, il apparaît que l'ethnicité est loin d'être, comme on l'a longtemps pensé, une trace d'un passé prémoderne révolu ou encore une résurgence naturelle de ce passé. Les revendications et les solidarités ethniques sont aussi modernes que les revendications nationales, même si elles aussi font souvent appel à une rhétorique des ethnicités antérieures.

Ainsi, tant l'ethnicité que le nationalisme mettent en jeu l'histoire. Tant le groupe ethnique que la nation se caractérisent par la croyance subjective dans les ancêtres, la lignée, la descendance commune, ainsi qu'en la spécificité de l'histoire du groupe. Les interprétations de cette histoire sont donc cruciales pour les régimes politiques qui visent à maintenir, à renforcer, voire à justifier les identités ethniques et nationales. Dès lors, tout mouvement d'affirmation ethnique ou nationale attribuera une importance majeure à l'écriture ou à la réécriture de l'histoire de la nation ou du groupe ethnique.

On pourrait ajouter que tant les nations que les groupes ethniques sont en fait des « communautés imaginées » *(imagined communities)*, pour reprendre l'expression de Benedict Anderson (1983). En effet, sur la base de la croyance dans une histoire commune, les individus imaginent un lien particulier qu'ils auraient avec d'autres individus de la même nation ou du même groupe ethnique avec la majorité desquels ils n'auront pourtant jamais aucune relation directe. Ici réside en fait la puissance de l'ethnicité et du nationalisme. Ces deux principes d'identification parviennent à donner un sentiment de proximité, d'appartenance à un même groupe à des individus qui peuvent en réalité être très éloignés socialement.

Un autre point commun entre le nationalisme et l'ethnicité est que l'individualisme occupe une place significative dans les deux notions. En dépit de son ancrage dans la notion de descendance, l'idée moderne de nation renvoie à une catégorie de personnes équivalentes. Dans les systèmes sociaux et politiques prémodernes, les membres étaient affectés d'un statut auquel ils ne pouvaient pas échapper en fonction de leur âge, de leur sexe ou de leur appartenance à telle parenté ou à tel lignage. La société était essentiellement constituée d'un ensemble de réseaux interpersonnels strictement hiérarchisés. Au contraire, la nation moderne va de pair avec l'émergence de l'individualisme libéral qui fait de chaque individu un membre de la nation équivalent aux autres. Il en va certainement de même des acceptions contemporaines du concept d'ethnicité. Effectivement, le groupe ethnique est aussi, à l'instar de la nation, un ensemble d'individus équivalents.

Par ailleurs, des différences importantes peuvent être soulignées entre le nationalisme et l'ethnicité. Comme le souligne Elie Kedourie (1992), le discours nationaliste s'articule presque toujours autour de trois principes de base. Tout d'abord, le premier affirme que l'humanité est naturellement divisée en nations. Ensuite, les caractéristiques distinctives de ces nations peuvent être établies. Enfin, le gouvernement des nations par elles-mêmes est le seul type de gouvernement légitime. Ainsi, le nationalisme est synonyme d'une revendication à l'autodétermination, à la création d'une communauté politique distincte et souveraine pour chaque nation, pour chaque peuple. Comme l'a écrit Ernest Gellner (1983), l'objectif du nationalisme est de faire coïncider les frontières de la communauté politique, c'est-à-dire à notre époque, de l'Etat, avec les frontières de la nation. Au contraire, l'ethnicité n'entraîne pas cette quête de la souveraineté politique pour les groupes sociaux qui se définissent par une même identité ethnique. Ces groupes se contentent de revendiquer une reconnaissance spécifique à l'intérieur des frontières de l'Etat dans lequel ils vivent ou une reconnaissance qui dépasse les frontières de plusieurs Etats. En effet, certains groupes ethniques, par exemple les Basques, sont dispersés sur le territoire de plusieurs Etats. Ainsi, la quête de la souveraineté politique est certainement un élément de distinction important entre le nationalisme et l'ethnicité.

De plus, le nationalisme et l'ethnicité se distinguent aussi quant au caractère national ou international de leurs discours respectifs. Le discours nationaliste est intrinsèquement international dans la mesure où il revendique, pour chaque nation, un caractère distinctif par rapport aux autres dans un système mondial composé d'Etats. Chaque nation doit ainsi se démarquer des autres nations dans le concert international et revendiquer le droit à une organisation politique propre sur la base de ses particularités. Le discours de l'ethnicité au contraire n'est pas nécessairement international. Lorsque les groupes ethniques revendiquent une reconnaissance et un statut particulier dans le cadre d'un Etat, le discours qu'ils mettront en avant sera adapté au contexte étatico-national dans lequel ils vivent. En revanche, lorsqu'ils seront en quête d'une reconnaissance au-delà des frontières d'un seul Etat, ils utiliseront un discours international semblable sur ce point au discours nationaliste dans la mesure où l'enjeu sera aussi de se positionner par rapport aux Etats qui forment la société internationale.

Au-delà de ces différences, des questions demeurent quant aux relations entre l'ethnicité et le nationalisme, entre les groupes ethniques et les nations. Le nationalisme s'explique-t-il par l'existence préalable de l'ethnicité, d'un sentiment d'appartenance à un groupe ethno-national? Ou bien le sentiment d'appartenance à une nation est-il le produit d'une mobilisation ethnique ou nationaliste? Le nationalisme est-il simplement un effet dérivé du processus de constitution des Etats ou bien est-il un élément constitutif central de la modernité?

Pour Anthony Smith (1992), le nationalisme trouve ses racines dans une ethnicité prémoderne. Il reconnaît que les nations ne sont ni primordiales, ni naturelles mais il affirme néanmoins qu'elles s'inscrivent dans une continuité historique et qu'elles reposent sur des identités ethniques caractérisées par une forte pérennité. Dans son livre au titre évocateur, *The Ethnic Origins of Nations*, il ne nie pas qu'en tant qu'idéologie et mouvement politique, le nationalisme soit moderne. Mais il souligne l'ancienneté des origines ethniques des nations. Dès lors, pour le sociologue anglais, les nations modernes s'inscrivent clairement dans la continuité des *ethnies*[1]. Ces communautés ethniques caractérisées par des mythes et des symboles propres appartiennent autant à la modernité qu'à la prémodernité et elles présentent une continuité remarquable. Smith ne s'interroge pas sur l'origine de ces *ethnies*. Il n'est pas primordialiste au point de les considérer comme des données de la nature. Toutefois, il prétend que lorsqu'une *ethnie* est formée, son existence se perpétue à

---

1. Il est intéressant de remarquer à nouveau que Smith utilise le terme français *ethnie* alors qu'il aurait pu utiliser le terme anglais *ethnic group*.

travers les siècles car les mythes, les symboles, la mémoire et les valeurs qui la constituent ne changent que très lentement.

Dans le schéma de Smith, ces *ethnies* sont les fondations des nations modernes. Ces dernières ne sont rien d'autre que le résultat de la bureaucratisation réussie des *ethnies* préexistantes. En d'autres mots, les nations ne sont que l'avatar moderne des *ethnies* anciennes, qui pour survivre, ont dû adopter un modèle civique adapté à la modernité. C'est à la faveur du processus de formation de l'Etat que les *ethnies* se sont transformées en nations. Dès lors, Smith suggère la possibilité de retracer la généalogie des nations dont le moment crucial est la transformation des membres d'une *ethnie* en citoyens.

Au contraire, de nombreux autres chercheurs ont fermement rejeté cette affirmation selon laquelle le nationalisme serait un prolongement de l'ethnicité antique. Pour eux, la création des nations modernes suppose précisément la disparition des identités ethniques traditionnelles qui survient à la faveur du processus de modernisation. Même si l'ethnicité traditionnelle joue un rôle dans l'émergence du nationalisme, elle ne peut en aucun cas en constituer une explication satisfaisante.

Pour certains, le nationalisme est une sorte de religion moderne et son émergence doit être expliquée comme telle. Pour d'autres, le nationalisme n'est rien de plus qu'un sous-produit de la formation de l'Etat moderne. Pour Gellner, le nationalisme est un phénomène culturel qui dépend non seulement de la formation de l'Etat et de la société industrielle, mais aussi d'un ensemble de transformations culturelles comme la création de la « haute culture ». Pour lui, c'est le nationalisme qui a engendré les nations et pas l'inverse. Quant à Eric Hobsbawm (1990), il traite le nationalisme comme un mouvement politique de second ordre basé sur une fausse conscience renforcée par l'ethnicité, mais dont la racine se trouve dans l'économie politique.

En conclusion, il apparaît impossible de dissocier totalement l'ethnicité du nationalisme. Toutefois, la relation entre ces concepts n'est pas celle d'une continuité historique entre les *ethnies* et les nations comme le prétend Smith. Elle se manifeste plus clairement lorsque les acteurs politiques maniant le discours nationaliste font appel à une identité ethnique reconstruite, à une mémoire historique de la nation pour fonder un habitus national correspondant à leurs intérêts. Comme le souligne Paul Brass (1991), l'ethnicité et le nationalisme ont en commun d'être le produit de manipulations d'élites qui créent la matière culturelle du groupe qu'ils entendent représenter et dans lequel ils s'efforcent d'accroître leur pouvoir.

L'émergence du nationalisme ne s'explique pas par une ethnicité antérieure. Nous sommes face à deux phénomènes modernes dont l'émergence et l'importance s'expliquent par une série de facteurs sociaux et culturels, par la formation de l'Etat moderne, par l'émergence de l'individualisme et par la généralisation des relations indirectes entre les individus issue du développement technologique et médiatique. Plutôt que de considérer exclusivement le nationalisme comme une variable dépendante et l'ethnicité comme une variable indépendante, il y aurait intérêt à aussi les considérer toutes deux comme des variables dépendantes mettant en jeu des processus analogues d'identification.

IV. — **Ethnicité et « race »**

Les définitions de l'ethnicité et de la « race » varient à la fois selon l'époque et selon le contexte géographique considérés. Dès lors, on peut s'attendre à ce qu'il en soit de même de la conception des liens entre ces deux concepts. Evidemment, il n'entre pas dans les objectifs attribués à ce paragraphe de répertorier l'ensemble des positions différentes quant aux relations entre l'ethnicité et la « race ». Il s'agira plutôt de présenter deux positions intellectuelles diamétralement opposées qui synthétisent l'essentiel de la réflexion sur le thème étudié.

La première approche considère qu'il existe une différence épistémologique profonde entre les deux concepts lesquels doivent dès lors être intégrés dans des domaines de recherche distincts. Plus précisément, le champ d'étude des relations raciales doit être complètement dissocié du champ d'étude des relations ethniques. Au contraire, la seconde approche soutient que la « race » n'est qu'une modalité parmi d'autres, un cas particulier de l'ethnicité. Par conséquent, l'étude des relations raciales doit être incluse, d'un point de vue épistémologique, dans le champ plus large des relations ethniques.

Afin d'expliquer la différence entre ces deux positions et d'argumenter en faveur de la seconde, il convient d'introduire dans le raisonnement la distinction entre la notion de concept populaire et la notion de concept analytique. Selon Michael Banton (1979), les sciences sociales rencontrent de nombreux problèmes car les mots sont parfois utilisés dans un sens populaire, plus ou moins vague et parfois dans un sens technique, plus précis. Ainsi, le même mot peut aussi bien renvoyer à un concept populaire *(folk concept)* qu'à un concept analytique *(analytical concept)*. Dans certains cas, les termes techniques forgés par les sciences sociales sont empruntés par les médias et leur précision relative s'en trouve affectée. Dans d'autres cas, les spécialistes des sciences sociales utilisent des concepts populaires, soit en essayant de leur donner un sens technique, soit sans les modifier. Dans le cas présent, le mot « race » est incontestablement utilisé tant comme un concept populaire que comme un concept analytique tandis que le mot ethnicité est, comme il a été déjà souligné, encore largement confiné à un milieu de spécialistes.

Par ailleurs, il va de soi que les spécialistes des sciences sociales se doivent de forger et de travailler avec des concepts analytiques. La démarche scientifique est incompatible avec l'utilisation de concepts populaires. Or, la position qui consiste à établir une distinction épistémologique entre la « race » et l'ethnicité semble précisément reposer sur l'emprunt d'une conception populaire de la « race » et sur la tentative de lui donner un statut analytique.

Ainsi, selon M. G. Smith (*in* J. Rex et D. Mason, 1986), la « race » est un concept biologique basé sur un ensemble de traits phénotypiques héréditaires, distinctifs et hautement résistants aux influences de l'environnement. Ils permettent de distinguer des sous-espèces différentes de l'humanité. Les différences et les identités raciales sont manifestes, immuables et claires dans les sociétés multiraciales. Dès lors, les « races » sont, dans cette approche, des catégories physiques se caractérisant par un fondement génétique ou un autre fondement déterministe fixe.

Quant à l'ethnicité, elle désigne selon Smith la croyance qu'ont les membres d'un groupe ethnique dans une ascendance commune, un héritage commun et une tradition culturelle commune. Par ailleurs, ils sont perçus par les autres comme partageant ces caractéristiques. Contrairement à la « race », l'ethnicité serait souvent latente, situationnelle, changeante et aussi ambiguë.

Ainsi, Smith définit la « race » en termes objectifs par des caractères physiques, biologiques, génétiques et phénotypiques héréditaires que partageraient les membres d'une catégorie raciale donnée. Au contraire, l'ethnicité serait avant tout une question de croyance subjective dans une histoire et une culture commune aux membres du groupe ethnique.

Logiquement, Smith plaide alors pour une distinction nette entre l'étude des relations raciales et l'étude des relations ethniques. Les premières devraient concerner les relations entre membres de différentes races (Afrikaner et Zulu, Blancs et Noirs, etc.). Les secondes devraient concerner les relations entre sous-groupes appartenant à une même race (Portugais et Espagnols, Zulu et Xhosa, Serbes et Croates, etc.).

Si le concept d'ethnicité proposé par Smith paraît acceptable en tant que catégorie analytique relevant des sciences sociales, il n'en va pas de même de son concept de « race ». Il a été souligné que ce dernier n'est pas à ses yeux un concept social mais bien un concept biologique. En tant que tel, cependant, il relève des concepts populaires et non pas des concepts analytiques. En effet, force est de constater que le concept de « race » utilisé par l'anthropologue de Yale semble assez répandu dans le sens commun. Il résulte du passage dans le sens commun d'une conception de la « race » considérée comme scientifique au siècle dernier et qui se reproduit de façon assez efficace dans le sens commun grâce aux préjugés et aux stéréotypes raciaux. Toutefois, les biologistes ont bien montré que le concept de « race » tel qu'on l'entendait au XIXe siècle n'a aucune signification scientifique dans le cas de son application à l'humanité. On peut donc affirmer que Smith a repris à son compte un concept populaire de la « race » qui n'a aucun fondement scientifique, ni dans les sciences sociales, ni dans les sciences de la nature. Par conséquent, la distinction épistémologique qu'il établit sur cette base ne peut pas satisfaire les spécialistes des sciences sociales.

Il semble largement plus satisfaisant de reconnaître que, d'un point de vue épistémologique, les concepts de « race » et d'ethnicité ne peuvent pas être distingués. Dans les deux cas, c'est la perception de l'immuabilité des différences ou du choix des identités ethniques et raciales qui est décisive. Les différences censées être observées et la façon dont elles sont interprétées en disent plus au sujet de celui qui classifie que de ceux qui sont classifiés.

A partir du moment où il est clair que les relations ethniques résultent de la construction sociale des différences, le phénotype peut être considéré comme un élément parmi d'autres dans le répertoire des marqueurs des frontières ethniques. La « race » est alors conçue comme un groupe social qui se voit et est vu par les autres comme différent d'un point de vue phénotypique. La « race » en tant que construction sociale des différences phénotypiques est donc un des aspects les plus significatifs, un des critères du phénomène historique et culturel plus large de l'ethnicité. La « race » devient alors un concept analytique des sciences sociales au même titre que le concept plus large d'ethnicité qui l'englobe.

Cela dit, si la distinction entre la « race » et l'ethnicité n'est pas justifiable d'un point de vue épistémologique, elle existe bel et bien dans le langage courant et dans une partie du langage académique. Ainsi, aux Etats-Unis, la « race » est un label qui est appliqué aux Noirs et aux Asiatiques, c'est-à-dire aux Américains qui ont une origine plus ou moins lointaine en Asie et en Afrique. En revanche, le label ethnique est attribué aux Blancs et plus particulièrement aux descendants plus ou moins lointains des immigrés européens à l'exception des WASP (« White Anglo Saxon Protestant »). En Grande-Bretagne, l'expression de relations raciales désignait jusque dans les années quatre-vingt les relations entre les Britanniques blancs et les immigrés de peau plus foncée en provenance des anciennes colonies britanniques, à savoir des régions aussi différenciées que l'Inde, les Antilles et l'Afrique. A l'époque contemporaine, l'expression de relations ethniques a tendance à se substituer, au moins partiellement, à celle de relations raciales.

Au-delà de son inconsistance épistémologique, la distinction entre la « race », permettant de catégoriser les citoyens sur la base de la couleur de peau et l'ethnicité, permettant de les distinguer sur la base de la construction sociale des différences culturelles, peut revêtir une importance sociologique et politique dans certains contextes sociaux. Aux Etats-Unis, l'ethnicité des Blancs et l'ethnicité des Noirs n'ont pas la même teneur. Mary Waters (1990) a montré que l'ethnicité des Blancs est aujourd'hui dans une large mesure une question d'identification individuelle volontaire, subjective, flexible et dynamique. Elle n'a d'importance sociale pour les individus que si ils le désirent. Au contraire, l'ethnicité des Noirs est souvent une question d'imputation ethnique indépendante de l'identification raciale des Noirs. Elle relève plus de la contrainte que du choix individuel. Elle influence leur existence sociale et professionnelle et semble plus rigide et plus statique. En d'autres mots, dans la société américaine d'aujourd'hui, l'ethnicité basée sur le critère racial, la couleur de peau, entraîne des conséquences bien différentes de celles de l'ethnicité basée sur le critère d'identification à des symboles culturels.

La situation actuelle est en fait le fruit de développements historiques spécifiques aux Etats-Unis. En effet, l'esclavage n'a pratiquement concerné que les Noirs. Dès le départ, ils ont été exclus de l'imaginaire national en construction. Les travailleurs d'origine européenne ont certes connu la souffrance et l'oppression de la part de la bourgeoisie WASP. Toutefois, leur destin a toujours été celui d'une incorporation dans la nation américaine. Dans l'idéologie américaine, les particularités culturelles des immigrés européens étaient certes dépréciées, mais leur assimilation plus ou moins forcée était dès le départ l'objectif à atteindre. Au contraire, les Noirs étaient exclus de la nation alors qu'ils partageaient dans une large mesure la culture dominante. Dès lors, en ce qui concerne la vie politique américaine, la « race » et l'ethnicité n'ont ni la même signification, ni la même portée. La mobilisation ethnique des Noirs peut être interprétée comme une tentative de redresser l'héritage néfaste de l'esclavage et d'être reconnus soit comme une composante à part entière de la nation américaine, soit comme une société distincte maîtresse de son destin. Au contraire, la mobilisation ethnique des descendants des immigrés européens consistait à obtenir des avantages matériels pour leurs groupes dans un système politique qui était à leur égard relativement ouvert et compétitif.

Ces différences sociologiques et politiques cruciales entre l'ethnicité des Noirs, à savoir la « race » et l'ethnicité des Blancs, ne plaident pas à nos yeux pour une distinction épistémologique entre les concepts de « race » et d'ethnicité. Elles montrent au contraire que le premier est un aspect particulier du second. Dans le cas des Etats-Unis, cet aspect particulier de l'ethnicité a exercé une influence déterminante sur l'existence et la position sociale et politique des Américains concernés, à savoir les Africains-Américains, mais aussi sur la production sociale de l'idéologie de la nation américaine.

Afin de compléter cet examen conceptuel de l'ethnicité par la comparaison avec d'autres notions utilisées dans les sciences sociales, il nous faut envisager les concepts de classe sociale et de sexe. Ce sera l'objet des deux prochains chapitres.

Chapitre V

ETHNICITÉ ET CLASSE SOCIALE

L'importance relative des concepts de classe sociale et d'ethnicité a fait l'objet d'un intense débat dans les sciences sociales depuis plus d'une vingtaine d'années. Il a donné lieu à ce que d'aucuns ont appelé le « dilemme ethnicité contre classe » *(ethnic versus class dilemma)*. D'un côté, les défenseurs d'une perspective ethnique affirment la prééminence de l'ethnicité dans la société contemporaine. Pour eux, les clivages sociaux majeurs s'opèrent selon une ligne de démarcation ethnique. L'ethnicité constitue également la principale source d'action sociale et collective. De l'autre côté, les défenseurs d'une analyse des clivages sociaux en termes de classes sociales, dont la plupart sont issus des courants de pensée néo-marxistes, reconnaissent volontiers la négligence du marxisme orthodoxe à l'égard de l'ethnicité, mais ils s'en tiennent à la position centrale du concept de classe sociale dans leurs tentatives d'expliquer le monde social.

Pour les « ethnicistes », tant l'utopie marxiste que le mythe libéral auraient commis l'erreur de sous-estimer la capacité de résistance et de renouvellement de l'ethnicité. Les marxistes auraient pris, à tort, leur désir d'arriver à l'omniprésence de l'internationalisme prolétarien pour la réalité. Pour ces derniers, même si les folklores et les différences de langue pouvaient subsister, c'est une catégorie économique, la classe sociale, qui allait être le catalyseur de l'identité sociale et politique. Quant aux libéraux, la croyance dans le caractère inévitable d'un *melting-pot* leur a interdit de voir que la réalité ne suivait pas cette voie. Ainsi, ces deux idéologies qui ont été en compétition jusqu'à la chute du bloc communiste ont eu un effet d'occultation sur la réflexion des intellectuels. Ils ont entretenu leur ignorance du phénomène ethnique qui exerçait pourtant une influence toujours cruciale sur l'évolution de la société. Dans ces conditions, les « ethnicistes » ne sont pas tant étonnés par l'explosion des conflits ethniques aux quatre coins de la planète que par le temps qu'il aura fallu aux intellectuels pour ôter les œillères idéologiques qui entravaient leur appréhension de l'importance de l'ethnicité dans le monde contemporain. Il est par conséquent erroné de parler de résurgence de l'ethnicité. Elle reste un des principes de mobilisation politique les plus puissants aujourd'hui et le sera probablement demain. En revanche, il paraît correct de souligner l'incapacité des sciences sociales à le reconnaître, incapacité qui commence cependant à être surmontée depuis quelques années.

Par ailleurs, le passage de la société industrielle basée sur l'industrie à la société postindustrielle basée sur une économie de services a, selon les « ethnicistes », accru l'importance relative de l'ethnicité par rapport à la classe sociale en tant que principe de stratification sociale, en tant que système de classement social. En d'autres mots, à l'époque industrielle, la classe sociale était la source principale de stratification sociale ou en tout cas, elle était présentée comme telle. Ce qui empêchait une prise en considération correcte des réalités ethniques. Quant à la période postindustrielle, en revanche, elle marquerait le remplacement de la classe sociale par l'ethnicité en tant que source principale de stratification sociale mais aussi de mobilisation politique. Dès lors, la catégorie d'ethnicité se serait montrée plus puissante et plus résistante au changement que la catégorie de classe dans la mesure où, contrairement à cette dernière, elle combinerait un appel aux intérêts et un recours au lien affectif.

Quant aux « classistes », qui pour la plupart appartiennent à la tradition marxiste, ils ont toujours éprouvé d'énormes difficultés à conceptualiser les affiliations ethniques et nationales. Pour les marxistes orthodoxes, seule l'appartenance de classe était l'expression significative de la véritable expérience humaine. L'ethnicité n'était rien d'autre qu'une fausse conscience résultant d'une manipulation des masses par le capital en vue d'entraver la marche vers la révolution prolétarienne.

Toutefois, comme en témoigne le chapitre III, la tradition marxiste a aussi offert des conceptions plus élaborées de l'ethnicité dont le point de départ était en réalité la reconnaissance de la nécessité de combiner la dimension ethnique et la dimension de classe. Par ailleurs, suite à l'effondrement du communisme réel, nombre de chercheurs radicaux se sont en quelque sorte reconvertis dans l'étude des relations ethniques et ont abandonné le champ de la lutte des classes. Ainsi, la dénonciation de l'exploitation de classe a progressivement cédé le pas à la dénonciation du racisme, l'antiracisme devenant le nouveau cheval de bataille d'une certaine gauche auparavant insensible à ces questions, voire même hostile à toute expression de la différenciation ethnique.

Quoi qu'il en soit, tant le réductionnisme ethniciste que le réductionnisme classiste sont à éviter dans la mesure où d'une part, ils traduisent souvent davantage une posture idéologique que l'état d'une réflexion scientifique et où d'autre part, ils tendent à simplifier une réalité de plus en plus complexe dans laquelle chaque dimension revêt une importance. La *désoccultation* de l'ethnicité évoquée plus haut ne coïncide pas nécessairement avec le déclin de la classe sociale en tant que principe de classement social. Certes, en raison des transformations économiques et du changement des classes sociales dans la société postindustrielle, l'importance de celles-ci en tant que principe de mobilisation collective a décru et les conflits sociaux ont évolué. Toutefois, elle demeure centrale en tant qu'axe objectif de stratification sociale. En ce qui concerne l'ethnicité, elle a été l'objet d'une *désoccultation* en tant que principe de classement social et en tant que principe de mobilisation collective. Son importance ne devrait toutefois pas non plus être surévaluée.

Dès lors, il ne s'agit plus de choisir entre l'appartenance de classe et l'affiliation ethnique mais bien de voir et d'examiner comment ces dimensions se conjuguent et se transforment et quelle est leur validité respective en tant que principes objectifs de stratification sociale, en tant que principes d'identification individuelle et en tant que moteurs de l'action collective à travers la construction d'une identité collective ethnique ou de classe.

Toutefois, cette nécessité de combiner les approches en termes de classe et les perspectives en termes d'ethnicité ne signifie pas que les concepts de classe et d'ethnicité puissent être confondus. En fait, une distinction analytique doit être soigneusement opérée entre eux. Les théories des classes sociales, qu'elles soient d'inspiration marxiste ou wébérienne, se réfèrent toutes à une notion de hiérarchie sociale, c'est-à-dire de classement vertical entre les classes sociales. Par ailleurs, le pouvoir est nécessairement réparti de façon inégale entre ces dernières. En revanche, l'ethnicité ne se réfère pas nécessairement à un classement vertical des groupes ethniques. Les relations ethniques peuvent très bien être égalitaires.

Certes, dans la plupart des sociétés multiethniques, elles ne le sont pas et l'appartenance ethnique est aussi utilisée comme un mode de classement vertical des individus et des groupes ethniques. Toutefois, alors que dans le cas de la classe sociale, les critères de ce rangement vertical sont d'ordre économique (propriété, puissance économique et statut socio-économique), ils sont d'ordre culturel et « racial » dans le cas de l'ethnicité. C'est la différence culturelle ou « raciale » imputée aux individus et aux groupes qui fonde le classement vertical des groupes ethniques, quelle que soit l'objectivité de ces différences.

Chapitre VI

ETHNICITÉ ET SEXE

De nos jours, l'étude des questions liées aux inégalités entre les sexes dans la vie sociale et politique occupe une position assez centrale dans la théorie et la pratique des sciences sociales. Dans le monde anglo-saxon, elle a notamment été institutionnalisée dans le cadre du développement de nombreux départements de *women studies* (« études féminines ») au sein des universités. Il n'en a toutefois pas toujours été ainsi. En fait, cette reconnaissance de l'importance de la dimension sexuelle par les sciences sociales est dans une large mesure le résultat du féminisme en tant que mouvement politique, lequel a reposé sur une mobilisation importante de femmes spécialistes des sciences sociales. En d'autres mots, le développement des théories féministes relevant des sciences sociales est intimement lié au développement du féminisme politique.

Un des apports de base de ce mouvement intellectuel a été d'introduire une distinction entre la notion de sexe et le concept de *gender*. La notion de sexe est biologique. Elle renvoie à la distinction entre hommes et femmes. Le concept de *gender,* dont la traduction française littérale (genre) n'est pas communément acceptée dans les sciences sociales, désigne les façons dont la différence sexuelle est socialement représentée et organisée. Il se réfère donc à la construction sociale du sexe à la faveur des relations sociales entre femmes et hommes (F. Anthias et N. Yuval-Davis, 1992). Dès lors, c'est bien le *gender* et ses relations avec l'ethnicité qui constitueront les thèmes de réflexion de ce chapitre. Cependant, le mot sexe sera utilisé afin de respecter l'usage francophone.

Remarquons au passage que le concept de *gender* ayant été développé par des chercheuses impliquées dans le mouvement féministe, il n'est guère étonnant qu'il soit le plus souvent employé en relation avec la position sociale et politique des femmes. Toutefois, d'un point de vue épistémologique, rien ne s'oppose à son utilisation en référence à la position des hommes dans la société.

Cela dit, il est frappant de constater que la question de la relation entre l'ethnicité et le sexe n'a pratiquement reçu aucune attention particulière dans la littérature féministe et dans les *women studies* jusqu'au début des années quatre-vingt. Cette lacune s'explique en partie par l'influence du féminisme bourgeois du XIXe siècle sur le féminisme contemporain. En effet, les féministes du siècle dernier considéraient volontiers que toutes les femmes, quelle que fût leur appartenance ethnique ou de classe, étaient naturellement et fondamentalement unies par une subordination commune par rapport aux hommes. Cette idée d'une « fraternité féminine » unique et indivisible reprise par des féministes contemporaines empêchait la prise en compte d'autres dimensions potentielles de subordination comme l'ethnicité ou la classe sociale. La position des femmes était étudiée comme si celles-ci constituaient une catégorie indifférenciée.

Cette position a été critiquée par des féministes socialistes qui ont mis l'accent sur la nécessité d'étudier conjointement l'exploitation de classe et la subordination sexuelle. Par ailleurs, la reconnaissance de l'impact du racisme et de l'ethnicité, tant sur les relations entre les femmes que sur les relations entre les sexes, est le résultat de l'activité développée par des féministes noires dans le courant des années quatre-vingt. Ces dernières ont contesté de façon vigoureuse les théories féministes dominantes, développées par des femmes blanches souvent issues des classes moyennes, qui selon elles, ignoraient la spécificité de l'oppression des femmes des minorités ethniques et partant, reproduisaient le racisme présent dans la société.

De la même façon, la littérature sur l'ethnicité et plus largement, sur les migrations internationales et leurs conséquences, a longtemps ignoré les particularités de la dimension sexuelle, à l'instar du reste de l'ensemble des sciences sociales.

Quoi qu'il en soit, les relations entre l'ethnicité et le sexe seront étudiées sur trois niveaux. Tout d'abord, les ressemblances et les divergences conceptuelles majeures entre l'ethnicité et le sexe seront présentées. Ensuite, les différentes positions concernant la question de l'intersection entre l'ethnicité et le sexe seront inventoriées. Enfin, la dernière partie de l'analyse portera sur les différentes formes d'implication des femmes dans les processus ethniques.

Au niveau conceptuel, le sexe, à l'instar de l'ethnicité, devrait faire l'objet d'une analyse à trois niveaux. Au niveau microsocial, chaque être humain appartient objectivement soit à la catégorie des hommes, soit à la catégorie des femmes. L'identité sexuelle qui résulte de cette division de l'humanité constitue une dimension importante de l'identité individuelle. Au niveau mésosocial, le sexe peut devenir une identité collective servant de base à une mobilisation politique, comme en témoigne l'histoire du féminisme tant dans le monde occidental que dans les autres régions de la planète. Enfin, au niveau macrosocial, le sexe est un système de classification et de hiérarchisation universel et plus ou moins persistant. A ce niveau, il faut remarquer que l'ethnicité et le sexe ne constituent pas des systèmes de classement social parallèles. Au contraire, ils s'entrecroisent souvent si bien que, comme on le verra plus loin, le statut d'un individu dépend souvent à la fois de son appartenance sexuelle et de son appartenance ethnique. Dans la pratique, ce croisement des systèmes de classification sociale, dans lequel il faudrait aussi inclure la classe sociale, peut susciter des interrogations empiriques difficiles à élucider. Par exemple, aucune réponse simple et absolue ne peut être donnée à la question de savoir qui d'une chirurgienne noire ou d'un jardinier blanc occupe le statut social le plus élevé (T. Eriksen, 1993).

Au-delà de cette nécessité commune d'analyse à trois niveaux, les concepts d'ethnicité et de sexe présentent un autre point commun fondamental. En effet, tant les différences et les inégalités sociales basées sur l'ethnicité que celles basées sur le sexe reposent souvent sur des présuppositions plus ou moins implicites quant au fondement naturel et biologique de ces différences et de ces inégalités. En quelque sorte, les inégalités sociales entre les sexes tendent souvent à être perçues comme des effets d'une différence biologique entre les sexes et de la reproduction biologique de l'humanité. De façon analogue, les inégalités sociales entre les groupes ethniques sont souvent considérés comme un effet des frontières naturelles existant entre eux et du caractère naturel de leur culture distinctive (F. Anthias et N. Yuval-Davis, 1992). Autrement dit, tant l'ethnicité que le sexe se prêtent souvent à des interprétations idéologiques naturalistes et primordialistes. Dès lors, tout comme celles-ci ont été rejetées dans le cas de l'ethnicité, il conviendrait à tout le moins d'examiner leur pertinence dans le cas du sexe.

Par ailleurs, la place du choix individuel dans les affiliations ethniques et sexuelles permet de différencier le sexe et l'ethnicité. Les travaux de Mary Waters montrent que dans certains cas, l'ethnicité devient une question de choix. Au contraire, mise à part l'exception des transsexuels, l'appartenance sexuelle est claire et ne dépend pas du choix de l'individu. Toutefois, les rôles sociaux et politiques attribués aux sexes, comme ceux attribués aux groupes ethniques, ne sont pas immuables. Ils évoluent et ils peuvent changer notamment en fonction de la mobilisation politique des catégories sexuelles et ethniques concernées.

En ce qui concerne maintenant l'intersection entre le sexe et l'ethnicité, la question est de savoir d'une part, dans quelle mesure les relations entre les sexes affectent les relations ethniques et d'autre part, en quoi les relations entre les sexes diffèrent selon l'ethnicité ? A cet égard, Sylvia Walby (*in* A. Smith (éd.), 1992) énumère cinq positions majeures présentes dans la production scientifique. La première position défend l'idée selon laquelle le sexe n'exerce aucune influence sur la nature des relations ethniques. Le second point de vue est parfaitement symétrique au premier et consiste à affirmer que l'ethnicité n'affecte pas de façon significative la nature des relations entre les sexes. En d'autres termes, l'inégalité entre les sexes présenterait des traits communs dans toutes les sociétés et à toutes les époques. Au-delà de leurs différences ethniques, toutes les femmes partageraient une même oppression. Une troisième position consiste à affirmer que les effets des différents mécanismes sociaux de classification et de domination comme l'ethnicité, le sexe et la classe sociale s'ajoutent les uns aux autres. Ainsi, certaines chercheuses ont montré que les femmes des minorités ethniques souffrent d'une double oppression (sexuelle et raciale), voire d'une triple domination (sexuelle, raciale et de classe sociale) (E. Glenn, *in* F. Pincus et H. Erlich, 1994). Cette optique suggère que le racisme produit des différences entre les femmes dans la mesure où il ne frappe qu'une fraction d'entre elles. Par exemple, les femmes blanches et les femmes noires aux Etats-Unis ont une expérience différente sur le marché de l'emploi dont les structures racistes procurent un avantage relatif aux premières (S. Walby, 1990). En Europe occidentale, Annie Phizacklea (1983) a montré que les femmes migrantes occupent souvent une position doublement subordonnée sur le marché de l'emploi, à la fois par rapport aux travailleurs migrants masculins et par rapport aux femmes locales. Il est encore souvent considéré que leur rôle premier est celui d'épouse ou de mère et pas de travailleuse. Dès lors, leur dépendance économique et juridique par rapport à l'homme est perçue comme normale même lorsqu'elles exercent une activité professionnelle rémunérée. La quatrième position développe l'idée selon laquelle en raison des différences ethniques entre les femmes, l'oppression des femmes des minorités ethniques peut se développer dans des institutions et des sites différents de celle des femmes appartenant à la majorité. Ainsi, les féministes blanches ont souvent mis en accusation la famille comme étant le lieu principal de la soumission des femmes. Des féministes américaines noires ont pourtant montré que dans leur cas, la famille pouvait au contraire être considérée comme un lieu de solidarité et de résistance conte le racisme. A nouveau, elles ont souligné le danger de renouer avec l'idée de la « fraternité féminine » et de généraliser à partir de l'expérience des femmes de la majorité. Autrement dit, il n'y a pas nécessairement de schéma de domination sexuelle valable quelle que soit l'appartenance ethnique des femmes. Enfin, la dernière position reconnaît que les relations ethniques et les relations de sexe s'influencent mutuellement.

Cette position est notamment défendue par Nira Yuval-Davis et Floya Anthias (1989). Elles montrent bien que le sexe est important pour les relations ethniques et vice versa en mettant en évidence cinq modalités principales d'implication des femmes dans les processus ethniques. Premièrement, la contribution des femmes dans la reproduction biologique du groupe ethnique est indispensable. Dans certaines situations, des politiques visant à limiter le nombre de membres d'un groupe donné peuvent être mises en œuvre. Dans ce cadre, des mesures visant à limiter l'activité reproductrice des femmes de ce groupe peuvent être appliquées. De façon analogue, l'accroissement démographique d'un groupe ethnique donné peut être encouragé en stimulant la natalité parmi ses femmes.

Deuxièmement, le rôle des femmes est aussi crucial dans la reproduction des frontières entre les groupes ethniques. Cela explique pourquoi les relations sexuelles des femmes d'un groupe ethnique donné avec des hommes d'un autre groupe ethnique sont souvent sévèrement contrôlées voire interdites. Cela explique aussi pourquoi le viol des femmes du groupe ethnique ennemi est communément utilisé dans les conflits ethniques. Dans la mesure où la femme reproduit les frontières ethniques, le viol de son corps peut être interprété comme un anéantissement des frontières ethniques et il symbolisera la disparition du groupe de la femme violée. Ainsi, le viol de femmes musulmanes par les soldats serbes brouille les frontières entre les deux groupes en même temps qu'il symbolise la puissance de l'ethnicité serbe par rapport à l'ethnicité musulmane. Troisièmement, la femme joue un rôle fondamental dans la reproduction de l'idéologie ethnique et dans la transmission de l'ethnicité d'une génération à l'autre. Plus précisément, l'ethnicité est un produit social forgé par le destin historique des générations antérieures et transmis par la socialisation à la faveur d'une relation privilégiée entre deux êtres humains : la mère et l'enfant (D. Juteau-Lee, 1983). Quatrièmement, les femmes sont souvent utilisées comme symboles dans les discours idéologiques visant à construire, à reproduire et à transformer les groupes ethniques. Ainsi, la rhétorique nationaliste manipule abondamment les métaphores de la mère-patrie et la nécessité de défendre « nos » femmes et « nos » enfants contre l'oppresseur. Enfin, l'histoire montre que les femmes participent activement aux luttes nationales, politiques, économiques et militaires. Leur rôle dans les mouvements de libération nationale a ainsi souvent été central. Toutefois, les femmes ne s'identifient pas nécessairement de la même façon que les hommes aux projets ethniques et nationalistes. Par ailleurs, elles sont rarement consultées lorsqu'il s'agit de définir ce que ceux-ci devraient être et les formes qu'ils devraient prendre.

En conclusion, il apparaît clairement que l'étude de l'ethnicité et des relations ethniques ne peut pas omettre la prise en compte de la dimension sexuelle. De même, l'étude des relations entre les sexes doit tenir compte de la dimension ethnique. Les processus ethniques et sexuels s'influencent mutuellement. Dès lors, les analyses en termes d'ethnicité et les analyses en termes de sexe doivent être combinées sans toutefois occulter les apports des analyses en termes de classes sociales.

Après ce tour d'horizon des questions conceptuelles, épistémologiques et théoriques soulevées par l'utilisation du concept d'ethnicité dans les sciences sociales contemporaines, le dernier chapitre de l'ouvrage sera en quelque sorte consacré à une réflexion générale sur l'ethnicité *en action* dans la vie politique contemporaine.

Chapitre VII

ETHNICITÉ, POLITIQUE ET CONFLITS

Parmi les quelque 180 Etats membres des Nations Unies, très rares sont ceux dont on pourrait dire qu'ils constituent des entités politiques homogènes d'un point de vue ethnique. Ces quelques exceptions confirment la règle de l'hétérogénéité ethnique des Etats contemporains. Par conséquent, l'idée selon laquelle les sociétés ethniquement pures seraient plus efficaces que les sociétés multiethniques car plus consensuelles que ces dernières ne relève pas du constat scientifique mais bien de l'idéologie. Celle-ci est souvent mise au service de stratégies politiques et guerrières de la purification ethnique par des leaders politiques avides de pouvoir, quel qu'en soit le prix.

Force est par ailleurs de reconnaître que parmi la multitude d'Etats multiethniques qui forment la plus grande partie de la communauté internationale, la conflictualité ethnique est, contrairement à ce que d'aucuns prétendent, loin d'être généralisée, inévitable, pérenne et incontrôlable. Passons successivement en revue ces quatre lieux communs.

En premier lieu, le nombre de conflits opposant des groupes ethniques a largement cru au cours de ces dernières années aux quatre coins du monde. Ils concernent des enjeux aussi divers que le contrôle d'un territoire, la participation aux prises de décisions politiques, la reconnaissance d'une spécificité culturelle, linguistique ou religieuse, la volonté d'une autonomie économique, etc. On ne peut pour autant pas dire que tous les Etats multiethniques de la planète soient en proie à des conflits s'exprimant en termes ethniques. A cet égard, certaines sociétés multiethniques d'Europe occidentale et d'ailleurs se caractérisent plutôt par une cohabitation plus ou moins harmonieuse entre les différents groupes ethniques qui les composent. La Suisse et la Belgique ont ainsi mis en place des mécanismes institutionnels destinés à assurer la représentation des intérêts des différents groupes ethniques nationaux. Certes, des oppositions ethniques peuvent dans certaines circonstances s'y manifester. Mais jusqu'à présent, leur expression a été maintenue dans le cadre strict des règles du jeu démocratique. En Afrique, l'île Maurice constitue un exemple intéressant de cohabitation ethnique harmonieuse entre des groupes aux identités marquées mais qui se gardent de prôner le rejet des autres. Par ailleurs, le processus politique qui a mené à la partition de l'Etat multiethnique tchécoslovaque s'est effectué sans recours à la violence. Il a donné lieu à la création de deux nouveaux Etats dans lesquels la question du respect des minorités ethniques, notamment la population tzigane, se pose pour l'instant de façon moins dramatique que dans certains pays voisins de la Tchéquie et de la Slovaquie.

Si nous ne traversons pas une période de conflits ethniques généralisés, il faut toutefois remarquer que la conflictualité ethnique semble malgré tout pour l'instant moins répandue en Europe occidentale que dans d'autres régions du monde. Par ailleurs, elle s'y manifeste souvent de façon moins brutale qu'ailleurs. Cette constatation correcte ne doit néanmoins pas laisser penser que les pays occidentaux soient à l'abri d'explosions de violences ethniques telles qu'ils les ont tous connues par le passé. La dégradation galopante des relations interethniques dans certains contextes urbains européens et nord-américains est là pour rappeler que nulle région du monde ne peut se croire imperméable à l'émergence de conflits ethniques.

Par ailleurs, la visibilité médiatique et le caractère extrêmement dramatique des conflits ethniques actuellement en cours ne doit pas non plus laisser penser qu'ils constituent la seule forme de conflit social caractéristique de cette fin de siècle. Les conflits de classe ont certes changé et ils se sont déplacés dans les villes mais ils n'en demeurent pas moins présents. L'opposition moins brutale entre les sexes est une autre dimension de la conflictualité actuelle de même que toutes sortes de conflits de type plutôt corporatiste.

En second lieu, les conflits ethniques ne sont pas nécessairement inévitables et inéluctables. La « loi d'airain de l'ethnicité » (S. Steinberg, 1989) selon laquelle une différence ethnique engendrerait toujours un conflit ethnique doit à tout le moins être nuancée. Selon Floyd Allport, dans la mesure où le sens du nous présuppose un sens du eux, l'identité et l'appartenance ethnique déboucheraient automatiquement sur le conflit entre nous et eux. Les exemples de cohabitation ethnique harmonieuse cités plus haut constituent autant de réfutations empiriques de cette « loi d'airain de l'ethnicité ».

Il semble bien que le lien entre la différence ethnique et le conflit ethnique soit bien moins automatique que certains le supposent. Ce qui apparaît souvent comme une éruption de haines ethniques traditionnelles et ancestrales implique souvent en fait des oppositions économiques et politiques. Ainsi, la haine entre Hutu et Tutsi paraît évidente. On peut toutefois se demander si elle aurait conduit aux atrocités de 1994 en l'absence des inégalités structurelles entre les deux groupes en termes de statut social, de pouvoir politique et de ressources économiques. En d'autres mots, lorsque les divisons ethniques et les divisions de classes se superposent, il est probable que les conflits de classe prendront la forme de conflits ethniques. En fait, ce n'est que lorsque les groupes ethniques disposent de ressources inégales en termes de statut, de richesse et de pouvoir politique que le conflit devient à terme pratiquement inévitable. Aussi longtemps que l'hétérogénéité ethnique coïncidera avec des inégalités systématiques entre les groupes ethniques, il y aura une tension entre les normes démocratiques, en vigueur ou à atteindre, et les exigences d'une société pluraliste qui débouchera plus que probablement sur le conflit.

Au-delà de ce lien entre la différence ethnique et le conflit, c'est la question plus large de la connexion entre l'hétérogénéité ethnique et la stabilité politique qui doit être posée. Dans la théorie démocratique conventionnelle, l'homogénéité ethnique est perçue comme une condition sociale de la stabilité politique. Avant de développer ce point qui revient en fait à un rejet de l'hétérogénéité ethnique comme une menace pour l'ordre démocratique, il convient de définir ce que l'on entend par stabilité politique.

La stabilité politique comprend quatre dimensions principales. Premièrement, un système politique stable n'est pas frappé par la violence politique interne. La vie politique s'y déroule de façon institutionnalisée et relativement ordonnée. Deuxièmement, la longue durée de vie des gouvernements, le faible taux de rotation au niveau des positions importantes du pouvoir exécutif et la continuité du processus politique qu'ils entraînent sont des critères importants de la stabilité politique. Troisièmement, un Etat stable se caractérise par l'existence d'un ordre constitutionnel généralement accepté qui établit les normes de l'action politique et qui légitime les résultats du processus politique. Quatrièmement, un système politique stable connaît une relative constance en ce qui concerne les structures fondamentales, le gouvernement et les relations entre les institutions politiques.

Cela dit, revenons à la façon dont la théorie démocratique conçoit la relation entre l'ethnicité et la stabilité politique. L'hétérogénéité ethnique est censée conduire à l'instabilité politique de l'ordre démocratique pour trois raisons majeures. Premièrement, l'hétérogénéité ethnique saperait le sens de la communauté politique qui est nécessaire pour une démocratie stable. Deuxièmement, l'hétérogénéité ethnique mettrait en danger le consensus de valeurs sur lequel est basé l'ordre démocratique. Troisièmement, lorsque l'hétérogénéité ethnique fait son apparition dans l'environnement social, le gouvernement s'avérerait incapable d'en contrer les effets néfastes pour l'ordre démocratique.

Passons en revue ces trois points importants de la théorie démocratique. En ce qui concerne d'abord le lien entre l'hétérogénéité ethnique et le sens de la communauté politique, un sens d'identité politique commune est effectivement essentiel pour la stabilité de l'Etat. En effet, en l'absence de cette croyance subjective dans une destinée commune au groupe, l'individu n'accepterait pas les sacrifices qui lui sont parfois demandés au profit de la communauté. Prenons l'exemple du service militaire ou du payement des impôts. Dans les deux cas, l'individu consent des sacrifices parfois importants qui témoignent, quoi qu'on en dise, de sa croyance en l'existence d'une communauté d'appartenance qui mérite ces sacrifices. Du point de vue de l'Etat, ce sens d'un destin politique commun est nommé intégration nationale ; du point de vue des citoyens, il est nommé communauté politique.

Selon la théorie démocratique, la diversité ethnique amoindrirait de façon significative ce sens de communauté politique et aurait donc un impact négatif sur la stabilité politique. Dès lors, il résulterait logiquement qu'un Etat culturellement et ethniquement hétérogène serait voué à l'instabilité politique. Inversement, la théorie démocratique suppose donc que l'ordre politique nécessite une unité culturelle.

Dans *Considerations on Representative Gouvernment*, John Stuart Mill discute de façon approfondie cette relation entre ethnicité et démocratie. Selon lui le respect de la liberté et de la démocratie exige le respect de la coïncidence entre les frontières de l'Etat et les frontières ethniques. En effet, le pluralisme ethnique amenuise le sentiment de communauté politique qui doit animer toute démocratie. De plus, il détruit également l'esprit d'égalité qui est tout aussi indispensable au bon fonctionnement démocratique. Les différents groupes ethniques placent leur intérêt au-dessus de l'intérêt collectif, la loyauté envers le groupe au-dessus de la loyauté envers l'Etat. Ils tendent à voir les autres groupes comme des concurrents pour le pouvoir. Pour Mill, cette tension entre la démocratie et l'ethnicité est intrinsèque et elle ne peut être résolue que par l'assimilation à une seule identité ethnique ou culturelle, ou par la séparation.

Ensuite, si le sens d'appartenance à une même communauté politique est fondamental pour le bon fonctionnement démocratique, un consensus sur les valeurs de base de la société est tout aussi indispensable. Sans un accord au sujet des valeurs fondamentales qui gouvernent le système politique, une vision commune nécessaire au gouvernement est impossible.

Trois valeurs centrales sont indispensables pour le gouvernement d'un système démocratique et pour une citoyenneté démocratique. L'individualisme est la première valeur. Elle prévoit la primauté de l'individu sur l'Etat et l'autonomie du premier par rapport au second. Le principe d'égalité est la seconde valeur centrale. Il suppose un traitement égal de tous les citoyens devant la loi, la négation de privilèges pour certains et un engagement en faveur de la justice économique et sociale. Enfin, la tolérance envers l'opposition politique est la troisième valeur démocratique centrale. Certes, ces trois valeurs n'épuisent pas le registre des valeurs susceptibles d'engendrer une stabilité politique mais elles paraissent toutefois être les plus importantes aux yeux des théoriciens de la démocratie.

Dans la mesure où l'hétérogénéité ethnique est censée perturber cet équilibre de valeurs sur lequel repose la stabilité du système démocratique, elle est perçue comme un élément déstabilisateur. Les groupes ethniques sont en effet considérés comme des entités culturellement distinctes. Ils ont donc des systèmes de valeurs et de croyances différents qui peuvent entrer en conflit avec les trois valeurs énoncées plus haut et donc engendrer l'instabilité politique.

Enfin, la troisième raison pour laquelle la théorie démocratique rejette l'hétérogénéité ethnique réside dans le constat de l'incapacité du gouvernement à en contrer les effets dévastateurs pour la stabilité politique. Certes, différents moyens ont été imaginés par différents gouvernements pour contrôler les effets pervers de la diversité ethnique. Tous connaissent cependant des limites importantes. Il en va certainement ainsi de la distribution équitable des ressources entre les différents groupes, de l'assimilation et de l'octroi de l'autonomie territoriale aux différents groupes.

En conclusion, depuis Aristote jusqu'aux politologues contemporains en passant par Montesquieu, Rousseau, Machiavel et Mill, la théorie démocratique s'est toujours méfiée de l'impact négatif de la diversité ethnique sur la stabilité des démocraties. En fait, dans cette tradition, la démocratie suppose l'unité culturelle. L'histoire a pourtant montré que la démocratie peut s'accommoder de la diversité ethnique et culturelle. C'est bien là que se situe le dilemme de la théorie démocratique : peut-on à la fois prêcher la tolérance face à la diversité des croyances et des opinions et décourager la diversité culturelle et ethnique?

En troisième lieu, les conflits ethniques ne sont pas nécessairement pérennes, comme en témoigne l'évolution récente des pays d'Europe centrale et orientale. Leur apparition et leur disparition dépendent fortement de l'évolution des conditions économiques et politiques. Dans l'ancien Empire soviétique, les oppositions ethniques avaient été mises sous l'éteignoir pendant plus d'un demi-siècle. L'effondrement économique du régime communiste a permis aux tensions ethniques de refaire surface. La réaffirmation des ethnicités et des nationalismes exacerbés à l'est semble être le résultat de l'échec économique et politique de l'utopie communiste et non pas la cause de cet effondrement. Dans le cas de l'Europe de l'Est, il serait hasardeux de pronostiquer soit une disparition des conflits ethniques, soit leur généralisation en faisant abstraction de l'évolution économique et politique de ces pays. Il semble toutefois que si la transition vers l'économie de marché continue de produire une élite économiquement puissante et des masses bénéficiant d'un niveau de vie misérable, si la démocratisation politique reste formelle, les conflits ethniques sont voués à prospérer. En effet, d'une part, les exclus du pouvoir dans ces sociétés en transition trouveront dans les identités ethniques et religieuses circonscrites et exclusives la seule compensation à toutes leurs frustrations. D'autre part, les nouvelles classes dirigeantes pourraient profiter de cette fragmentation ethnique à la fois en termes politiques et économiques.

Enfin, les conflits ethniques ne sont pas totalement incontrôlables. Certes, lorsqu'ils sont entrés dans une phase terminale de violence comme au Rwanda ou en Bosnie, il devient très ardu de mettre un terme aux massacres et aux affrontements. Toutefois, pourvu que la dynamique des conflits ethniques soit comprise et anticipée, différents mécanismes politiques pourront être mis en place pour les contrôler et les modérer.

En conclusion, la visibilité des conflits ethniques aux quatre coins du monde ne signifie pas que nous soyons entrés dans une ère de purification ethnique généralisée, même si le risque est réel. La reproduction des inégalités économiques et politiques à l'échelle mondiale risque de mettre en lumière la face détestable de l'ethnicité qui débouche sur la haine de l'autre et la volonté de l'anéantir. Au contraire, plus de justice sociale au niveau planétaire pourrait ramener à la surface la face positive de l'ethnicité, à savoir une identité légitime, ouverte et qui est source de dignité tant pour ceux qui la choisissent que pour ceux qui en reconnaissent la légitimité.

CONCLUSION

Ce petit ouvrage n'a certainement pas épuisé toutes les questions que les affirmations ethniques dans le monde contemporain soulèvent et tous les problèmes qu'engendre l'utilisation du concept d'ethnicité dans les sciences sociales. Là ne résidait du reste pas son objectif principal. Ce dernier consistait d'une part, à montrer l'importance de l'ethnicité dans la vie sociale, politique et culturelle de cette fin de siècle et d'autre part, à mettre en évidence l'utilité du concept d'ethnicité pour comprendre les dynamiques sociales, politiques et culturelles actuelles. En dépit de ses imperfections, le concept mérite d'être conservé et surtout amélioré par l'apport constant d'idées nouvelles dans ce champ de réflexion.

Par ailleurs, il faut néanmoins se garder d'exagérer tant l'importance de l'ethnicité dans la vie sociale que l'utilité du concept. D'une part, ce n'est pas parce que l'on commence seulement à réfléchir en profondeur sur l'ethnicité dans la plus grande partie du monde francophone qu'elle représente une nouveauté et une mode. D'autre part, la focalisation sur l'ethnicité ne doit pas occulter l'importance d'autres dimensions cruciales dans la vie sociale et politique de notre époque comme par exemple, la classe sociale, le sexe et la globalisation culturelle. Le chercheur doit s'efforcer de ne pas sombrer dans la tendance qui consiste à tout ethniciser et à rejeter les autres approches du social et du politique.

En effet, au même moment que des replis identitaires ethniques et religieux se manifestent de façon de plus en plus dramatique dans de nombreux contextes urbains, une certaine uniformisation de la culture de masse est en train de se développer et un certain cosmopolitisme de se reconstruire. La progression des particularismes ethniques est parfois contrebalancée par des tendances culturelles et *identificationnelles* universalisantes que l'étude de l'ethnicité ne doit pas négliger.

De plus, il est clairement apparu que seule une approche transdisciplinaire est susceptible d'accroître le pouvoir explicatif du concept d'ethnicité. De même, il y a lieu de combiner des analyses aux niveaux micro-, méso- et macrosocial. L'ethnicité ainsi que les comportements sociaux et politiques qui en découlent ne sont pratiquement jamais uniquement une affaire de contraintes structurelles ou uniquement une question de choix individuel et subjectif. Il y a toujours des liens entre le volontarisme et les contraintes structurelles que seules des analyses aux trois niveaux évoqués permettront d'articuler.

Seule la transdisciplinarité et la multidimensionnalité des analyses peuvent permettre une prise en compte des multiples facettes qui donnent toute sa complexité à l'ethnicité. Bénigne et positive dans certains cas, elle peut malheureusement prendre un visage malin et destructeur dans d'autres. L'enjeu face auquel se trouvent les sciences sociales lorsqu'elles étudient les phénomènes ethniques est de mettre en lumière les conditions qui favorisent une expression inoffensive de l'ethnicité, celles qui mènent à l'exacerbation des appartenances ethniques conduisant aux conflits ethniques ou encore celles qui ôtent toute signification sociale et politique à l'ethnicité. Ce faisant, et pour autant que les entrepreneurs politiques potentiels de la haine ethnique n'en décident pas autrement, les sciences sociales peuvent certainement contribuer, dans une certaine mesure, à prévenir d'autres Rwanda et d'autres Bosnie qui malheureusement pourraient bien surgir dans un proche avenir.

BIBLIOGRAPHIE

QUELQUES OUVRAGES EN LANGUE FRANÇAISE

Amselle J.-L. et M'Bokolo E. (Eds), *Au cœur de l'ethnie. Ethnies, tribalisme et Etat en Afrique*, Paris, La Découverte, « Les textes à l'appui », 1985.

Bastenier A. et Dassetto F., *Espace public et immigration. La controverse de l'intégration*, Paris, CIEMI-L'Harmattan, 1993.

Cazemajou J. et Martin J.-P., *La crise du melting-pot. Ethnicité et identité aux Etats-Unis de Kennedy à Reagan*, Paris, Aubier, 1983.

Delannoi G. et Taguieff P.-A., *Théories du nationalisme. Nation, Nationalité, Ethnicité*, Paris, Kimé, 1991.

Lapeyronnie D., *L'individu et les minorités. La France et la Grande-Bretagne face à leurs immigrés*, Paris, PUF, « Sociologie d'aujourd'hui », 1993.

Martiniello M., *Leadership et pouvoir dans les communautés d'origine immigrée*, Paris, CIEMI-L'Harmattan, 1992.

Martiniello M. et Poncelet M. (Eds), *Migrations et Minorités ethniques dans l'espace européen*, Bruxelles, De Boeck Université, 1993.

Neveu C., *Communauté, nationalité et citoyenneté. De l'autre côté du miroir : les Bengladeshis de Londres*, Paris, Karthala, 1993.

Poutignat P. et Streiff-Fenart J., *Théories de l'ethnicité*, Paris, PUF, 1995.

Wieviorka M., *La démocratie à l'épreuve. Nationalisme, populisme, ethnicité*, Paris, La Découverte, « Essais », 1993.

OUVRAGES EN LANGUE ANGLAISE CITÉS

Alba R. D., *Ethnic Identity. The Transformation of White America*, New Haven and London, Yale University Press, 1990.

Anderson B., *Imagined Communities*, London, Verso, 1983.

Anthias F. and Yuval-Davis N., *Racialized Boundaries. Race, Nation, Gender and Class and the Anti-racist Struggle*, London, Routledge, 1992.

Bacal A., *Ethnicity in the Social Sciences. A View and Review of the Literature on Ethnicity*, Warwick, CRER, Reprint Paper in Ethnic Relations, n° 3, 1990.

Banton M., *Racial and Ethnic Competition*, Cambridge, Cambridge University Press, 1983.

Barth F. (Ed.), *Ethnic Groups and Boundaries : The Social Organization of Culture Differences*, London and Oslo, Allen & Unwin and Forgalet, 1969.

Brass P., *Ethnicity and Nationalism. Theory and Experience*, London, Sage, 1991.

Cohen A., *Urban Ethnicity*, London, Tavistock Pub., 1974.

Eriksen T. M., *Ethnicity and Nationalism. Anthopological Perspectives*, London, Pluto Press, 1993.

Geertz C., *The Interpretation of Cultures*, New York, Basic Books, 1973.

Gellner E., *Nations and Nationalism*, London, Basil Blackwell, 1983.

Giddens A. (1986), *The Class Structure of the Advanced Societies*, London, Hutchinson Univ. Library, 2ᵉ éd., 1981, reprinted in 1986.

Glazer N. and Moynihan D. P., *Ethnicity. Theory and Experience*, London, Cambridge, Harvard University Press, 3ᵉ printing, 1976.

Gordon M., *Assimilation in American Life. The Role of Race, Religion and National Origins*, New York, Oxford University Press, 1964.

Greeley A. M., *Ethnicity in the United States*, New York, John Wiley & Sons, 1974.

Hobsbawm E. J., *Nations and Nationalism since 1780*, Cambridge, University Press, 1990.

Horowitz D. L., *Ethnic Groups in Conflict*, Berkeley-Los Angeles-London, University of California Press, 1985.

Isaacs H. R., *Idols of the Tribe. Group Identity and Political Change*, Cambridge and London, Harvard University Press, 1989.

Kedourie E., *Nationalism*, Oxford, Basil Blackwell, 4ᵉ éd., 1993.

Kivisto P. (Ed.), *The Ethnic Enigma. The Salience of Ethnicity for European-Origin Groups*, Philadelphia, The Basch Institute Press, 1989.

Moynihan D. P., *Pandaemonium. Ethnicity in International Politics*, Oxford, Oxford University Press, 1993.

Murray C. and Herrnstein R., *The Bell Curve : Intelligence and Class Structure in American Life*, New York, The Free Press, 1994.

Nash M., *The Cauldron of Ethnicity in the Modern World*, Chicago, University of Chicago Press, 1989.

Olzak S. and Nagel J. (Eds), *Competitive Ethnic Relations*, New York, Academic Press, 1986.

Parrillo V., *Strangers to these Shores. Race and Ethnic Relations in the United States*, New York, MacMillan, 4ᵉ éd., 1994.

Phizacklea A., *One Way Ticket. Migration and Female Labour*, London, Routledge, 1983.

Pincus F. and Ehrich J., *Racial and Ethnic Conflict. Contending Views on Prejudice, Discrimination and Ethnoviolence*, Boulder, Westview Press, 1994.

Rex J. and Mason D. (Eds), *Theories of Race and Ethnic Relations*, Cambridge, Cambridge University Press, 1986.

Rex J., *Race and Ethnicity*, London, Open University Press, 1986.

San Juan E. Jr., *Articulations of Power in Ethnic and Racial Studies in the United States*, New Jersey, Humanities Press, 1992.

Schlesinger A. M., *The Disuniting of America. Reflections on a Mutlicultural Society*, New York, Norton and Company, 1992.

Smith A., *The Ethnic Origins of Nations*, Oxford, Blackwell, 1986.

Smith A. (Ed.), *Ethnicity and Nationalism*, E. J. Brill, Leiden, 1992.

Sollors W., *Beyond Ethnicity. Consent and Descent in American Culture*, Oxford, Oxford University Press, 1986.

Sollors W. (Ed.), *The Invention of Ethnicity*, Oxford University Press, 1989.

Steinberg S., *The Ehnic Myth. Race, Ethnicity and Class in America*, Boston, Beacon Press, 1989.

Thernstrom S. (Ed.), *Harvard Enclopedia of American Ethnic Groups*, 2ᵉ printing, Cambridge, Mass., Harvard University Press, 1981.
Thompson R., *Theories of Ethnicity. A Critical Appraisal*, New York, Greenwood Press, 1989.
Van den Berghe P., *The Ethnic Phenomenon*, New York, Elsevier, 1981.
Vermeulen H. and Govers C. (Eds), *The Anthropology of Ethnicity. Beyond « Ethnic Groups and Boundaries »*, Amsterdam, Het Spinhuis, 1994.
Walby S., *Theorizing Patriarchy*, Oxford, Blackwell, 1990.
Waters M. C., *Ethnic Options. Choosing Identities in America*. Berkeley, University of California Press, 1990.
Weber M., *Economy and Society*, vol. 1, Berkeley, The University of California Press, 1978.
Yuval-Davis N. and Anthias F., *Woman-Nation-State*, London, MacMillan, 1989.

QUELQUES ARTICLES DE REVUES EN LANGUE FRANÇAISE

Amselle J.-L., L'ethnicité comme volonté et comme représentation : A propos des Peul du Wasolon, *Annales Economie, Sociétés, Civilisations*, 2, 1987, 465-489.
Douglass W. A. et Lyman S. M., L'ethnie : structure, processus et saillance, *Cahiers internationaux de sociologie*, vol. LXI, 1976, 197-220.
Juteau-Lee D., La production de l'ethnicité ou la part réelle de l'idéel, *Sociologie et Société*, 15, 2, 1983, 39-54.
Martiniello M., Vers la formation de nouveaux groupes ethniques en Europe occidentale, *Studi Emigrazione*, 90, 1988, 202-212.
Nicolas G., Fait « ethnique » et usages du concept d' « ethnie », *Cahiers internationaux de sociologie*, vol. LIV, 1973, 95-126.

ARTICLES DE REVUES EN LANGUE ANGLAISE CITÉS

Adam H., Rational choice in ethnic mobilization : a critique, *International Migration Review*, 18, 2, 1984, 377-381.
Banton M., Analytical and Folk Concepts of Race and Ethnicity, *Ethnic and Racial Studies*, 2, 2, 1979, 127-138.
Calhoun G., Nationalism and Ethnicity, *Annual Review of Sociology*, 19, 1993, 211-239.
Conzen K. N., Gerber R. D. A. *et al.*, The invention of ethnicity : A perspective from the USA, *Altre Italia*, 3, April, 1990, 37-63.
Eisinger P. K., Ethnicity as a strategic option : An emerging view, *Public Administration Review*, 1, 1978, 89-93.
Eller J. D. and Coughlan R. M., The poverty of primordialism : The demystification of ethnic attachments, *Ethnic and Racial Studies*, 16, 2, 1993, 183-202.
Enloe C., The growth of the state and ethnic mobilization : The American experience, *Ethnic and Racial Studies*, 4, 2, 1981, 123-136.
Gans H. J., Symbolic ethnicity : The future of ethnic groups and cultures in America, *Ethnic and Racial Studies*, 2, 2, 1979, 1-20.
Gans H. J., Symbolic ethnicity and symbolic religiosity : Towards a comparison of ethnic and religious acculturation, *Ethnic and Racial Studies*, 17, 2, 1994, 577-592.

Hechter M., Friedman D. and Appelbaum M., A theory of ethnic collective action, *International Migration Review,* 16, 2, 1984, 412-434.

Hirschman C., America's melting pot reconsidered, *Annual Review of Sociology,* 9, 1983, 397-423.

Hollinger D., Postethnic America, *Contention,* 2, 1, 1992, 79-96.

Keyes C., Towards a new formulation of the concept of ethnic group, *Ethnicity,* 3, 1976, 202-213.

Lal B. L., Perspectives on ethnicity : Old wines in new bottles, *Ethnic and Racial Studies,* 6, 1983, 154-173.

Nagel J., Constructing ethnicity : Creating and recreating ethnic identity and culture, *Social Problems,* 41, 1, 1994, 152-176.

Schermerhorn R. A., Ethnicity in the perspective of the sociology of knowledge, *Ethnicity,* 1, 1974, 1-14.

Shils E., Primordial, personal, sacred and civil ties, *British Journal of Sociology,* 8, 2, 1957, 130-145.

Yinger J. M., Ethnicity, *Annual Review of Sociology,* 11, 1985, 151-180.

TABLE DES MATIÈRES

Introduction	3
Chapitre I — **Genèse d'un concept**	9
I. L'ethnicité : un néologisme, 10 — II. Ethnie, ethnologie, ethnicité, 13.	
Chapitre II — **Les trois niveaux de l'ethnicité**	17
I. Une définition de l'ethnicité, 18 — II. Le niveau individuel et microsocial, 21 — III. Le niveau groupal et mésosocial, 23 — IV. Le niveau macrosocial, 24.	
Chapitre III — **Les principales approches théoriques de l'ethnicité**	28
I. Les théories naturalistes, 30 — II. Les théories sociales, 38.	
Chapitre IV — **L'ethnicité et les concepts voisins : une vue synthétique**	78
I. Ethnicité et culture, 79 — II. Ethnicité et religion, 85 — III. Ethnicité et nationalisme, 88 — IV. Ethnicité et « race », 94.	
Chapitre V — **Ethnicité et classe sociale**	101
Chapitre VI — **Ethnicité et sexe**	105
Chapitre VII — **Ethnicité, politique et conflits**	113
Conclusion	122
Bibliographie	124

Imprimé en France
Imprimerie des Presses Universitaires de France
73, avenue Ronsard, 41100 Vendôme
Août 1995 — N° 41 616